Caminando

Marta Sahagún de Fox

con la colaboración de Amparo Espinosa Rugarcía

Caminando

Planeta

Fotografías de interiores: Archivo de Marta Sahagún de Fox

© 2005, Marta Sahagún de Fox
Derechos reservados
© 2005, Editorial Planeta Mexicana, S.A. de C.V.
Avenida Insurgentes Sur núm. 1898, piso 11
Colonia Florida, 01030 México, D.F.

Primera edición: abril de 2005
ISBN: 970-37-0282-1

Impreso en los talleres de Litográfica Ingramex, S.A. de C.V.
Centeno núm. 162, colonia Granjas Esmeralda, México, D.F.
Impreso y hecho en México - *Printed and made in Mexico*

www.editorialplaneta.com.mx
www.planeta.com.mx
info@planeta.com.mx

A ti, Vicente, mi más profunda admiración por tu arrojo para luchar sin tregua por un ideal. Mi respeto por tu integridad e inagotable generosidad. Mi reconocimiento por tu perseverancia. Gracias por haber formado conmigo una pareja solidaria basada en el amor y el respeto.

A ti, todo mi amor.

A mis padres por inculcarme los valores de la libertad, el respeto y la honestidad y por enseñarme los sentimientos fundamentales del alma, la generosidad y la compasión.

A mis muy queridos hijos Manuel, Jorge Alberto y Fernando, por haberme mostrado el secreto de la vida; porque he contado con su amor, su comprensión y su perdón. Agradezco a Mónica y a Cecilia, sus esposas, y a mis nietas, por ser la alegría de mis días.

Mi cariño y respeto a Ana Cristina, Vicente, Paulina y Rodrigo por iluminar la vida de su padre. A Vicente III le agradezco la alegría que nos da y a su madre, Paulina Rodríguez, el compartir todo con nosotros.

Sumario

Preámbulo

Este libro se fue dando poco a poco, sin anticipar guión o finalidad. En un inicio, la intención era identificar ideas recurrentes en las pláticas que he dado en estos tres años, agruparlas en categorías y engargolarlas a manera de cuadernillo.

Al releerlas fueron apareciendo, sin invitación ni concierto, recuerdos de infancia y anécdotas recientes de mi vida. Impulsada por una necesidad irreprimible, que comparto con muchas mujeres mexicanas, empecé a ponerlos por escrito. Cuando descubrí pinceladas de mi historia, en blanco y negro, la idea de publicarlas surgió naturalmente, estimulada, quizá, por mi momento histórico. En el proceso afloraron reflexiones y comentarios sobre lo vivido que fueron integrándose al texto con naturalidad.

Las mujeres siempre hemos escrito. Antes lo hacíamos sólo para nosotras. Ocupábamos muchas horas escribiendo diarios, cartas de amor o de reproche. Las tradicionales libretas de pasta dura, adornadas de motivos románticos, recibían, sin censura de por medio, nuestras ansias y nuestros anhelos.

¿Dónde habrán quedado tantas letras?

¿Se habrán ido al fuego para borrar las huellas de una pasión?

¿O quizá fueron destruidas porque sus autoras finalmente las consideraron insulsas?

Lo único cierto es que fueron pronunciadas una vez, en voz muy baja, y luego callaron.

¿Qué pasaba por las mentes de nuestras madres y abuelas mientras horneaban el pan o echaban las tortillas?

¿Qué, mientras amamantaban a tantos hijos?

¿Cómo se han vivido a sí mismas las esposas de nuestros presidentes?

Las respuestas apenas las estamos conociendo. Historiadores, escritores, sociólogos, investigadores y académicos de ambos sexos, se han dado a la tarea, desde hace ya varios años, de rescatar textos autobiográficos femeninos de diferentes épocas. Al hacerlo, están derrumbando muchos mitos femeninos, como aquel que aseguraba que las mujeres aceptaban de buena gana, y sin repercusiones emocionales negativas, vivir a la sombra, constreñidas a las tareas domésticas y marginadas de las decisiones que las afectaban.

Hoy, amas de casa, campesinas, funcionarias públicas, obreras, empresarias, mujeres indígenas y académicas, entre muchas más, ponemos por escrito nuestras vidas y luego las publicamos, por razones que no siempre identificamos.

¿Escribimos para comprobar que existimos?

¿Para saber quiénes somos?

¿Para expulsar el fuego que nos quema las entrañas?

¿Escríbimos para aclarar vivencias difusas?

¿Para contribuir a que se escriba la historia de las mujeres?

¿Para invitar a los hombres a que nos conozcan o, más bien, a que nos cuenten sus secretos?

Quizá las mujeres actuales escribimos por todas estas razones y muchas más, que se irán aclarando al teclear de la computadora o al deslizar del lápiz o la pluma sobre el papel.

Agradezco la colaboración de Amparo Espinosa Rugarcía en el proceso de integración de este libro. Desde hace dos décadas, ella promueve la escritura femenina y rescata y publica textos autobiográficos de mujeres mexicanas a través de Documentación y Estudios de Mujeres, A.C. (DEMAC), la asociación que dirige.

Se ha dicho mucho de mí; verdades y mentiras. Hay quienes me conocen y saben quién soy. Hay también quienes me han inventado.

Este libro no pretende ser una autobiografía. Tampoco un dictamen sobre acontecimientos políticos.

Van a encontrar pinceladas de cómo llegué a Los Pinos y de qué he hecho desde entonces; de mis encuentros con hombres y mujeres de muy diversos medios sociales y regiones geográficas de México, y de cuáles han sido mis vivencias y aprendizajes más significativos, sobre todo aquéllos que considero responsables de mi manera actual de concebir a mi país.

Van a encontrar también recuerdos de mi infancia que me han llevado a ser lo que soy y a trabajar por lo que trabajo, con muchos errores, sin duda, pero siempre pensando en que mañana puede ser mejor que hoy.

Aprendí de mis padres el amor a la familia, en el hogar que ellos formaron para que mis hermanos y yo creciéramos rodeados de cariño. La pequeña ciudad donde nací me ofreció un espacio tranquilo donde convivir con personas de diferentes edades, culturas y medios sociales y económicos. Esta experiencia me abrió los ojos a la riqueza humana de mi país.

En el colegio me enseñaron que todos somos iguales y venimos al mundo con lo necesario para crecer por fuera y por dentro. En estos años he aprendido que así como los árboles y las flores no crecen sin sol y sin agua, los hombres y las mujeres sólo nos desarrollamos en un ambiente de bienestar. Éste no lo tienen aún muchos mexicanos y, menos aún, muchas mexicanas.

A partir del derecho que como mexicana me corresponde, y en tanto mujer que ama inmensamente a su país y se interesa por él, recrearé las añoranzas que han aflorado en las conversaciones que he tenido con muchos mexicanos, que ahora distingo como cuatro principios básicos que bien podrían inspirar los programas de desarrollo social que estén en búsqueda de un rostro humano: Dignidad, Bienestar, Corresponsabilidad y Libertad.

No hay mejor manera de trasmitir mis vivencias que a través de las voces y andares de mi gente. Algunas historias de vida que he escuchado en mis recorridos y en reuniones de trabajo, y otras que me han sido transmitidas por escrito, ocupan un espacio importante. Todas ellas son historias reales de mexicanos y mexicanas que trabajan y sueñan, en barrios urbanos, rancherías o pequeñas co-

15

munidades rurales. Estoy convencida de que en estos vibrantes rincones se construye el bienestar futuro de México y el desarrollo humano de sus habitantes.

Una sociedad sin utopías camina a ciegas. Una sociedad sin principios está hueca. Pero de utopías no se come. Los principios se evaporan si no se traducen en el bienestar y la felicidad de todos. Menciono, a lo largo del libro, algunas líneas muy generales de acción que me han sido sugeridas por los propios ciudadanos; podrían entretejerse con otras para conformar planes o proyectos más concretos, a la manera de las manos expertas y creativas de artistas mexicanos que entrelazan hilos y mezclan pinturas de diferentes colores para elaborar los motivos de los hermosos lienzos y objetos que fabrican.

Hoy ningún individuo o grupo social está autorizado a determinar en aislamiento, o a imponer de manera autoritaria, el curso del desarrollo del país. El siglo XXI exige que el desarrollo se pacte entre los gobiernos y la sociedad civil, como empezó a ocurrir en México en el año 2000, y todos estamos invitados a colaborar en su definición con nuestro granito de arena.

Soy una mujer a la que la crítica no dobla, aunque no por ello deja de lastimarla.

Una mujer que se hace preguntas constantemente, a partir de lo que ve y escucha porque quiere aprender de todos y de todo.

Una mujer que ama profundamente a sus seres cercanos: su esposo, sus hijos, sus nietas y nieto y, a través de ellos, a la comunidad fuerte y valiente que se llama México.

Me siento afortunada de poder compaginar la vida en familia, el apoyo a mi marido y el servicio a mi país; de trabajar por lo que creo y aprender, cada día, de los mexicanos y las mexicanas que enfrentan la existencia con orgullo y arrojo.

Agradezco y valoro las oportunidades que me ha dado la vida.

Jamás pensé en convertirme en esposa del Presidente de México. Tampoco imaginé que sería una mujer sobre la que se escribirían libros y libelos; obras de teatro y parodias; una mujer a la que los medios de comunicación le dedicarían comentarios políticos, sociales, de espectáculos y caricaturas de todos colores.

"Está sonriendo", cuenta mi nana "Ta"[1] que dijo mi padre cuando me vio por primera vez en brazos de mi madre, de tan sólo 18 años de edad. Vine al mundo en la casa, que, además, era el consultorio de papá, el médico del pueblo. Soy la segunda de seis hermanos, cuatro mujeres y dos varones.

Si usted no lo tiene…

Nací en Zamora, Michoacán, una ciudad enclavada en uno de los valles agrícolas más hermosos de nuestro país, muy cerca de la sierra tarasca y del lago de Camécuaro, lugar de nacimiento de agua clara donde se respira aire fresco.

Sí, contaré parte de mi historia y quizá por partida doble, la privada, que no la íntima, y la pública. Quizá también con un objetivo doble: hablar de mis pasiones y de mis aprendizajes.

Mi casa era una de esas casonas grandes de pueblo. Hecha de adobe y coronada de teja, debía de tener más de cien años. El portón principal se abría muy temprano y así permanecía hasta las diez de la noche en punto, cuando mi padre lo cerraba asegurándolo con aldaba. El ritual estaba acompañado de la llegada del sereno, un hombre amable de ojos penetrantes que vigilaba la cuadra y hacía sonar su silbato para anunciar su presencia.

Cruzando el portón, a unos cuantos pasos, estaba un cancel de hierro, adornado con figuras amorfas y dispersas, que hacía las veces de una segunda puerta y nos permitía ver con facilidad cuando alguien se acercaba a la casa.

Los recuerdos de mi infancia giran alrededor de unos cuantos rincones: el patio central para jugar y correr, y el cuarto de estudios; las recámaras sólo para dormir pues mi madre no admitía una sola arruga en las colchas; el antecomedor

---

[1] Esther Ávalos.

donde los siete días de la semana compartíamos los tres alimentos todos los miembros de la familia.

Tres corredores y un gran muro rodeaban al patio central. El muro estaba recubierto de hiedra y bugambilias; a sus pies había siempre setos de aves del paraíso, las flores favoritas de mi madre. Al lado de uno de los corredores, las recámaras, todas comunicadas entre sí. La primera era la de mis padres. Le seguía la que ocupaban mis dos hermanas menores, Sofía y Tere. Luego estaba la que compartíamos mi hermana Beatriz y yo. Al final se encontraba la de mis hermanos Alberto y Guillermo.

La sala principal, con su gran ventanal hacia la calle, se usaba sólo cuando recibíamos visitas. Muy cerca se encontraba el comedor, también para ocasiones especiales, con su enorme cuadro del pasaje bíblico *El encuentro de Emaus*. Era en el antecomedor en donde comíamos y compartíamos esos deliciosos momentos en familia, no siempre tranquilos, como es de esperarse cuando ocho personas, seis de ellas niños o adolescentes, se sientan a la misma mesa. No recuerdo nunca habernos sentado a la mesa sin la presencia de mi padre, con mi madre a su lado.

El antecomedor daba a un jardín tapizado de un césped impecable y rosas, azaleas y margaritas y otras plantas de estación invariablemente bien cuidadas; ahí nos enviaban a jugar cuando hacíamos demasiado alboroto. Tenía un pequeño chapoteadero al centro que pocas veces disfrutábamos porque el agua era muy fría.

Una de las habitaciones en que se nos permitía jugar, era la pieza verde. Ahí, en una vieja cómoda, se guardaban las muñecas de cara de pasta y ojos muy fijos que hicieron la delicia de mi infancia. En la llamada pieza verde, por estar pintada de ese color y ubicada al lado del jardín, estaba la televisión que sólo podíamos encender dos días a la semana: uno para ver el programa de Viruta y Capulina y otro el *Teatro fantástico* de Enrique Alonso. Ni mis hermanos ni yo intentamos nunca romper esta regla.

Al lado del cuarto de juegos estaba el de las tareas. Mi madre se aseguraba de que las cumpliéramos vigilándonos en todo momento. Recuerdo con particular nostalgia a mi madre sentada en un vestíbulo de escasos tres metros cuadrados, frente a la entrada del cuarto de tareas, tejiendo o leyendo. Este rincón fue testigo de muchas convivencias memorables con la familia y los amigos.

Junto al antecomedor estaba la cocina. Mi madre era excelente cocinera. En mi casa las tortillas se hacían siempre a mano, los frijoles se cocían en olla de barro y se freían con manteca. Para hacer las salsas se usaba el molcajete y para amasar y moler los ingredientes de los guisos, el metate. Como buenos zamoranos, siempre tuvimos chongos hechos en casa.

Una esquina, que entonces me parecía irrelevante, la ocupaba el consultorio médico de mi padre. En la sala de espera había dos letreros. En uno de ellos se leía textualmente: "El Dr. termina su consulta a las 2:20 p.m. y a las 8 p.m. sin excepción"; en el otro: "La consulta del doctor cuesta $5.00 (cinco pesos) pero si usted no los tiene, dígaselo a la secretaria".

Generosidad y amor, éstas eran, y han sido siempre, las enseñanzas de mi padre: Alberto.

Tere, mi mamá, era una mujer de carácter dulce y fuerte a la vez que me enseñó, con rigor, a ser ordenada. Su ejemplo cinceló en mi alma la esperanza y la fe. La disciplina era uno de sus valores predilectos y atribuyo la seguridad que hoy tengo, a los límites que me imponía, acompañados siempre de la posibilidad de expresar mi opinión en un diálogo abierto.

Los horarios familiares eran poco flexibles, sobre todo durante nuestros primeros años de formación. Había horario para comer, horario para estudiar, horario para levantarse y horario para ir a la cama. El orden se tenía que reflejar en nuestra persona, en nuestras cosas y en nuestros espacios. Aun en los días de descanso, había que arreglarse y recoger todo lo que se sacaba de su lugar.

Mamá decía que el comedor era para comer; las recámaras para dormir, la pieza verde para jugar y el cuarto de tareas para estudiar. Según ella, el orden externo era un reflejo del orden interno y por eso insistía en inculcarlo en sus hijos. Le tenía un profundo amor a la Guadalupana y a la Virgen de la Esperanza. Mi madre era quien reunía a la familia. Los seis hermanos le teníamos verdadera admiración y se la manifestábamos cada uno a su manera.

Si hay algo de lo que me arrepiento es de no haber estado más tiempo con mi madre. Al paso de los años he rescatado el valor conque enfrentó la vida y otras muchas cualidades que ejercía sin alardear. Su recuerdo me da fortaleza cuando la existencia me muestra su cara amarga.

Mi madre enfermó siendo aún muy joven, tenía sólo 20 años de edad, y así vivió mucho tiempo. Siempre decía que se sentía bien aún cuando era evidente que estaba sufriendo mucho. Falleció el 13 de marzo del 2001. Su muerte dejó en mi alma una huella de dolor, que aún persiste, entremezclada con un recuerdo muy vivo de su amor que ilumina mi vida.

La familia en la que yo nací responde al modelo tradicional, con la diferencia de que, en una época en que eso no se usaba, mis hermanos y yo fuimos formados en los principios de la igualdad, la libertad y la independencia. Es a mi padre a quien tengo que agradecérselo; como también tengo que agradecerle otras enseñanzas significativas, entre éstas, que en las relaciones de pareja, la igualdad del hombre y la mujer debe ser la premisa esencial.

La primaria y la secundaria las cursé en el colegio de las teresianas, congregación inspirada en Teresa de Jesús, una mujer rebelde, fuerte, valiente, apasionada y enamorada que se movía y tomaba decisiones trascendentes en un mundo considerado monopolio masculino. Las monjas teresianas me trasmitieron conocimientos para la vida imbuidos de las cualidades de su fundadora y con su ejemplo me enseñaron a vivirlas.

En el colegio teresiano aprendí a pensar y a actuar en conciencia; a madurar mis criterios y a hablar con la verdad, aunque duela. Entendí que la responsabilidad no es un adorno para tiempos apacibles sino una premisa existencial de hombres y mujeres socialmente sensibles; también que la amistad convierte la vida en una experiencia compartida y nos ayuda a superar la oscuridad del alma.

Concluida la secundaria vinieron los estudios en Irlanda, la convivencia con otras culturas y creencias, algunos viajes. Regresé a México y, unos cuantos meses después, me casé. Tenía 17 años. Me fui a vivir a Celaya con un bebé en camino, Manuel, mi primer hijo. Fue menos importante dejar de ser hija de familia para ser esposa, que convertirme en madre.

No tengo palabras para describir la emoción que sentí el día que nacieron mis hijos. Mi vida dio un vuelco y mi definición de amor se fue enriqueciendo: incluyó la incondicionalidad cuando empecé a dárselo a ellos sin esperar nada a cambio; incluyó la ternura al observar sus logros y tropiezos; incluyó la nostalgia cuando fueron creciendo.

En esos años hubo momentos de profunda tristeza e impotencia que, en ocasiones, no podía compartir con nadie. Desembocaron en un divorcio, dolorosa experiencia que, como muchas otras, debe esperar que pase el tiempo suficiente para contarla con objetividad. Necesito mirarla a la luz de la distancia para que las emociones no empañen mi visión. Hoy sólo puedo decir que, en los años que precedieron a la ruptura de mi matrimonio, aprendí a guardar las lágrimas y a disfrazar el sufrimiento, disimulos que, como cualquier mujer, he tenido que ejercer en otros momentos de mi vida igualmente dolorosos.

20

"Mamá, ¡hoy somos diez a comer!"

Cuando llegamos a Celaya, olía todavía a tierra mojada por la lluvia reciente. La tarde estaba soleada y la ciudad parecía tranquila. Era domingo. En el jardín principal, hombres y mujeres paseando a la vieja usanza pueblerina: sonrisas, flores, helados, la aventura para conquistar al otro. La ciudad que ese día pasaba a ser mi nuevo hogar, me daba la bienvenida.

Recuerdos agridulces permanecen en mi alma como símbolo de la etapa que comenzó entonces. Las circunstancias adversas en que se desenvolvería, siempre acompañadas de la feliz incertidumbre de un nuevo entorno y la tarea de formar una familia, estaban destinadas a favorecer mi madurez y fortalecer mi carácter.

La vida está compuesta de emociones encontradas y de toda suerte de acontecimientos. Son los instantes de alegría los que, a pesar de su fugacidad, permanecen para siempre en la memoria dándonos la fuerza misteriosa que nos impulsa a seguir adelante en las adversidades. En los casi 28 años que viví en Celaya hubo desafíos, experiencias dolorosas y episodios felices. Al recordarlos, afloran las emociones que me produjeron, casi con la misma intensidad de entonces.

Con grandes ilusiones y mucho esfuerzo, iniciamos en esa ciudad un pequeño negocio de venta de medicina veterinaria que ubicamos en el Boulevard Adolfo López Mateos y denominamos *Veterinaria Boulevard*. El papá de mis hijos es veterinario y, mientras yo me apresuraba a aprender un poco de las enfermedades de los animales para poder despachar, él ejercía su profesión en el campo logrando un merecido prestigio. Con el tiempo, el pequeño negocio creció hasta convertirse en una de las distribuidoras de medicinas más grandes y exitosas del centro del país bajo el nombre de Organización Farmacéutica Veterinaria.

El magisterio, sin ser yo maestra titulada, es mi vocación natural; además de disfrutarlo, siempre me ha permitido hacer nuevas amistades. En el mismo año en que llegué a Celaya, 1971, comencé a dar clases de inglés en la Universidad Lasalle Benavente. Algunas de mis alumnas eran de mi misma edad. Me llamaban por mi nombre y me hablaban de tú. En más de una ocasión lograron hacerme partícipe de sus escapadas al *Café Susana*, un lugar de reunión ubicado en el jardín principal de la ciudad. Todos aquellos a quienes querías conocer, y todo lo debías saber, estaban en el *Café Susana*.

Residíamos en un pequeño departamento en la calle Madero, frente al robusto campanario del Convento de San Francisco, un lugar de belleza poco común en donde los monjes franciscanos establecieron la sede de su misión catequizadora. Este convento es hoy, gracias a las actividades que desde ahí se promueven, el símbolo de la vida cultural y espiritual de los celayenses.

A unas cuantas cuadras del Convento de San Francisco están la espléndida Iglesia del Carmen y el Convento Carmelita; casi en seguida, el jardín principal. En este hermoso jardín se recrean las viejas tradiciones, se pasea los domingos y se montan las quermeses y festejos que unen a la comunidad. ¿Cómo dejar de mencionar el mercado Morelos que, en su inigualable dignidad, simboliza el campo del Bajío ofreciendo a los marchantes los mejores vegetales, el tradicional queso de rancho, los dulces de leche, la cajeta envinada, los jamoncillos y las cocadas y aquellas margaritas, rosas, nubes, gladiolas y begonias recién cortadas que hacen de nuestra casa un hogar?

Si la experiencia de tener un hijo entraña sensaciones amorosas difíciles de poner en palabras, también es verdad que nunca vuelves a dormir tranquila. Traté de educar a mis tres hijos en el amor a Dios, el respeto a los demás y el buen uso de la libertad. Mi recuerdo más persistente es cuando entraban a la casa gritando: "¡Mamá, hoy somos diez a comer!" Sus amigos eran siempre bienvenidos y lo sabían: los tacos de frijoles o quesadillas nunca faltaban. Cuando eran niños, mis hijos disfrutaron de los juegos más populares de entonces: los patines y las bicicletas. Más tarde comenzaron a gozar de la música, a ir de paseo y a las disco.

Viajamos en varias ocasiones, todos juntos, dentro y fuera del país. Estos paseos nos permitían convivir las 24 horas del día y me dejaron vivencias que atesoro. Las alegrías, las sonrisas y las lágrimas de mis tres hijos forman parte de mí. Cada uno de ellos ha tenido que enfrentarse a la vida de manera distinta. A uno, el dolor lo llevó hasta los extremos del sufrimiento; resurgió, afortunadamente, y hoy da testimonio de voluntad y amor a la vida. Manuel y Jorge Alberto han formado ya sus familias. Sus esposas, Mónica y Cecilia, junto con mis nietos, Mónica, María, María Camila, Macarena y Vicente, derraman torrentes de alegría a nuestras casas y son una verdadera bendición. Fernando, soltero todavía, está a punto de convertirse en un profesionista.

En la infancia de mis hijos aprendí a compaginar varias actividades: mi trabajo en la veterinaria, la enseñanza y los estudios que realicé cuando decidí inscribirme en algunos cursos del Tecnológico y la Universidad de Celaya para prepararme en administración y ventas pues mi actividad empresarial me estaba demandando conocimientos profesionales.

Fui educada en el servicio a los demás por mis padres y por las monjas teresianas. Quizá por eso la actividad social ha reclamado siempre parte de mi tiempo. Siendo muy jovencita iba a los barrios de mi ciudad natal a dar clases de catecismo, a visitar enfermos y mujeres que vivían en reclusión. Sé que estas actividades me marcaron porque, al llegar a Celaya, muy pronto me involucré en organizaciones sociales que trabajaban en la misma línea.

Pertenecía a un grupo de mujeres que reunía fondos para ayudar a niños abandonados y promover la formación de jovencitas, y daba clases de historia de la iglesia católica. Junto con unas mujeres rotarias, trabajaba en varias comunidades de la región, la Comunidad de San José de Silva o Colonia Santa Rita, entre ellas. Sus directivas me invitaron a alfabetizar adultos y pronto conseguimos un salón en la escuela José María Morelos y Pavón, en donde nos reuníamos para impartir las clases.

Teníamos muchos alumnos, sobre todo mujeres, que querían aprender a leer y a escribir pero también deseaban, casi con fervor, aprender a superarse, a valorarse, a quererse. Era una escuela primaria pública que sólo contaba con tres salones de clase. Muy pronto resultaron insuficientes y nos vimos obligadas a convertir un frondoso ahuehuete, que se erguía en medio del campo, en un salón más.

Con el tiempo, decidí formar parte del Voluntariado del Desarrollo Integral de la Familia (DIF), municipal. Le di prioridad a mi querida comunidad y junto con otras mujeres, fundé las Cocinas Populares y Unidad de Servicios Integrales (Copusi), en donde las mamás se organizaban para comprar, preparar y servir los alimentos a sus hijos. Mi trabajo en ese voluntariado fue la causa de que, casi sin darme cuenta, me fuera interesando en la política y tomara la primera oportunidad que se me presentó para empezar a caminar en esa dirección.

Las primeras elecciones que viví en el estado de Guanajuato, fueron en 1976. Con mis recién cumplidos 23 años, eran también las primeras elecciones en que podía votar. No podía imaginar siquiera que, algunos años después, saldría de esta ciudad para participar en la campaña presidencial más trascendente de México en los últimos tiempos.

Entonces sólo sabía que el ambiente político nacional había empezado a dar muestras de intranquilidad. El Partido Revolucionario Institucional (PRI), era el único partido con candidato oficial a la Presidencia de la República, José López Portillo, pero la población estaba dividida respecto a la actuación del aún Presidente Luis Echeverría Álvarez.

A nivel local, la ciudad de León era el foco de atención. En las elecciones municipales, el candidato del Partido Acción Nacional (PAN), Juan Manuel López Sanabria, había logrado una mayoría aplastante pero los datos oficiales le dieron el triunfo al candidato del PRI, Amador Rodríguez Leyaristi.

El malestar social era tal, que el Congreso local ordenó la constitución de una Junta de Administración Civil que optó, finalmente, por una decisión salomónica: puso al frente del municipio al industrial zapatero Roberto Plascencia Saldaña, un hombre respetado por panistas y priistas. La vida cotidiana en Guanajuato siguió su marcha; pero el ánimo no era el mismo. Lo ocurrido en las elecciones había dejado una huella amarga, más profunda de lo que algunos estaban dispuestos a reconocer.

Para empeorar las cosas, no pasó demasiado tiempo antes de que la bonanza que se había vivido en México durante algunos lustros empezara a dar muestras de fatiga. El deterioro de la economía de los mexicanos, aunado al hartazgo producido por el autoritarismo del gobierno y el poco respeto al voto, provocó que la idea del cambio comenzara a formar parte recurrente de sus pensamientos.

23

"Excelente, pero es mujer"

Antes de lo que algunos hubieran querido, el deseo del cambio se manifestó en hechos. En 1985 el Partido Acción Nacional triunfó en dos distritos de León, lo que le dio un diputado local y uno federal con las candidaturas de Alfredo Ling Altamirano y Franz Ignacio Espejel Muñoz. Ese mismo año, el PAN se consolidó como una fuerza política capaz de ganar en elecciones municipales con el triunfo de Eusebio Moreno Muñoz en San Francisco del Rincón.

El 11 de diciembre de 1987, Manuel J. Clouthier, Maquío, inició su campaña como candidato del Partido Acción Nacional en Dolores Hidalgo, donde hizo sonar las campanas de la histórica parroquia como símbolo del inicio de una *nueva independencia*. El 4 de diciembre de 1988, el PAN consiguió el gobierno de León con Carlos Medina Plascencia.

Una fiebre de entrega y participación se apoderó del estado de Guanajuato. Ciudadanos antes apolíticos, al ver una posible respuesta al hastío provocado por la corrupción y el cierre de expectativas, comenzaron a participar activamente en la política.

En 1988, yo decidí ingresar al Partido Acción Nacional, contagiada por la euforia general, por la campaña de Maquío y, sobre todo, inspirada por la pasión y la congruencia conque los abuelos paternos de mis hijos, el doctor Manuel Bribiesca y su esposa Beatriz, defendían las causas nobles del país y luchaban por la democracia y el liderazgo.

Desde el inicio fui una militante activa. Me responsabilicé de la promoción política de la mujer, primero a nivel municipal y después a nivel estatal. Participé en asuntos de organización estatal. Fui varias veces consejera estatal y consejera nacional. Estudié y mucho. Tomé todos los seminarios y diplomados que el Partido ofrecía: "Principios ideológicos", "La mujer en la política" y "Administración pública", entre otros. En 1994 fui candidata a la alcaldía de Celaya. La lucha interna fue dura, pero logré correr como candidata única.

Como pasa en todas las campañas políticas, en la lucha por la alcaldía de Celaya caminé las comunidades de un extremo al otro, subí cerros, anduve entre los animales, toqué puertas, di entrevistas, asistí a encuentros, promoví debates. Un día me organizaron un desayuno sólo para varones. Llegaron más de cien. Yo era la única mujer. Me escucharon. Me cuestionaron. Aplaudieron de pie. Al retirarme, escuché a uno de ellos decir: "Excelente, pero es mujer".

Mis experiencias tuvieron la riqueza de lo nuevo. Los niños y las niñas bulliciosos que corrían tras de mí, desnutridos y sonriendo sin malicia, me remitieron a la posibilidad de un mundo sin barreras entre los seres humanos, pero también a lo difícil que es crear las condiciones económicas y sociales para que esto ocurra.

Los jóvenes y las jóvenes que se me acercaban con timidez para hablarme de su proyecto de vida y pedirme becas, financiamiento o simplemente tiempo, me enfrentaron, quizá por primera vez, a las consecuencias terriblemente dolorosas de despertar falsas expectativas.

Los hombres de negocios escépticos que dudaban de mi capacidad, por ser mujer, y empezaban a cambiar de actitud cuando advertían mi optimismo y entrega, reforzaron mi creencia en las enormes posibilidades del desarrollo femenino.

Muchas mujeres que encontré en el trayecto, no encajaban en la definición de mujer que yo tenía. Las madres de familia asumían su liderazgo político abiertamente y manifestaban sus enojos y alegrías sin disfrazarlos. Las ancianas cargaban leña, acarreaban agua o cuidaban de los animales, con naturalidad.

Todas estas mujeres estaban dedicadas a las tareas de la supervivencia y sus demandas estaban dirigidas a su mejor satisfacción. Sus preocupaciones podían palparse, olerse, saborearse. Las abstracciones y los eufemismos simplemente no tenían cabida. Descubrí que la frescura, el entusiasmo y la vitalidad no son monopolio de los niños; que la vegetación puede tener más tonos de verde y el cielo más tonos de azul de los imaginables y, ¿cómo dejar de mencionar aquellos cabellos lustrosos de las jóvenes, trenzados con cintas de colores, como sólo se ven en tarjetas postales?

Pero llegó el día de las votaciones y… perdí. Perdí la alcaldía. No fue fácil aceptar la derrota. Me había entregado por completo. Durante muchos meses no había ni siquiera pensado en otra cosa. Aunque gané en enseñanzas, en compromiso con mi país y en amor a mis conciudadanos y conciudadanas, mi autoestima se tambaleó.

Sabía, como todos en el Partido Acción Nacional que, en breve, el licenciado Vicente Fox Quesada buscaría, por segunda vez, la gubernatura del estado de Guanajuato. Si queríamos que la ganara, los panistas teníamos que empezar a trabajar ya. La expectativa de retomar en breve una actividad política de tal envergadura me debilitaba aún más.

A menudo me sentaba a solas en la terraza de mi casa y, mientras veía cómo el anochecer se despejaba al arribo del amanecer, me decía: "No soy tan débil. La única manera de vencer el temor es mirándolo a la cara. Si no lo hago, le cederé el poder sobre mí hasta el fin de mis días".

Zapatos en mano

Me recuperé en un lapso tan breve que sólo me lo explico por el carácter luchador que algunos dicen que tengo y, sobre todo, por un deseo ferviente de seguir participando en la vida política. El hecho de que la farmacéutica veterinaria, el negocio familiar, siguiera su curso ascendente y funcionara sin mí, facilitó que diera un salto de fe y, dándole vuelta a la hoja de la lucha por la alcaldía, asumiera la responsabilidad de la campaña de Vicente Fox en la región de Celaya.

Hacía un poco de todo. Realizaba actos políticos. Llevaba a cabo la llamada "Campaña sin candidato", que consistía en la promoción del candidato sin estar él presente. Me encargaba de la organización electoral y de cualquier cosa que hiciera falta. Mis compañeros y yo formábamos un equipo sólido, entusiasta, comprometido. Juntos vivimos experiencias inolvidables que a menudo estaban salpicadas de humor: todavía me late fuerte el corazón cuando recuerdo el día en que entré a un carro a través de la ventanilla porque me estaba persiguiendo un toro.

A principios de 1995 se realizó la convención panista. El único precandidato registrado a la gubernatura de Guanajuato fue Vicente Fox Quesada. El acto se convirtió en una verdadera fiesta. Los 1,304 delegados asistentes dieron el banderazo de salida. Al día siguiente, el licenciado Fox Quesada acudió al foro "Así gobierna Acción Nacional", que se celebraba en Guadalajara. Ahí recibió el apoyo de los gobernadores panistas y celebró el triunfo de su colega de Jalisco. El 24 de febrero de ese mismo año, inició oficialmente su campaña y más de quince mil personas gritaron al unísono: "¡Ahora sí, Fox gobernador!"

Llegó el día de recibirlo en Celaya. Caía una lluvia torrencial. Todo estaba preparado. La reunión sería en uno de los salones más grandes de la región. Esperábamos 1,500 mujeres y el mal tiempo nos hacía sentirnos temerosas. A las cinco de la tarde empezaron a llegar: zapatos en mano para no mojarlos, eran la imagen misma de una aventura vivida con entusiasmo. Antes de las seis de la tarde, en medio del chubasco que presagió, sin saberlo entonces, un devenir venturoso, más de 1,500 mujeres estábamos reunidas para apoyar a nuestro candidato.

El recuerdo del triunfo arrebatado

Las campañas electorales de cualquier candidato son siempre cruciales; de ellas depende, en buena medida, el triunfo o la derrota. Para la gran mayoría de guanajuatenses, la campaña de Vicente Fox Quesada para la gubernatura del estado lo era aún más. La mirada de buena parte del país estaba puesta en su devenir. El recuerdo del triunfo arrebatado en la primera ocasión en que el licenciado Fox había contendido por ese puesto, estaba aún demasiado vivo. Todas las encuestas lo colocaban por encima de los demás candidatos y, según los expertos, las encuestas son la fotografía del momento. Pero como dicen los políticos, y dicen bien, "la única encuesta válida es la de las urnas". Había que esperar al día de la elección.

Todos los detalles de la campaña estaban cuidados con esmero y hasta con escrupulosidad. Los funcionarios de casilla habían sido capacitados a conciencia: había que asegurarse que llegaran a tiempo, que supieran llenar bien las actas y armar adecuadamente las urnas y los bastidores para garantizar el voto secreto. Las experiencias de la campaña anterior, de tristes recuerdos, vivían en nuestra memoria...

En aquella primera contienda por la gubernatura de Guanajuato, Vicente Fox había ganado simpatías por todo el estado con su energía y magnetismo; su opositor, el candidato priista Ramón Aguirre Velázquez, era rechazado incluso por algunos de sus correligionarios locales. El triunfo de Fox resultó evidente pero no le fue reconocido. Esto levantó la indignación popular. Sabíamos que documentar el fraude era imposible. No podíamos depender de las actas: no fluían con la rapidez necesaria y era improbable que en todas se hubiera asentado el resultado real del conteo. Había que optar por otras alternativas.

Los panistas del estado de Guanajuato decidimos formar un ejército ciudadano de 25 mil personas. Nos movilizamos. Celebramos mítines y marchas en todo el estado para denunciar el fraude. El sábado 24 de agosto, Vicente Fox caminó de León a Guanajuato acompañado de varios centenares de personas y decenas de automovilistas. Al día siguiente, Luis H. Álvarez, nuestro líder nacional en aquella época, encabezó un nutrido mitin. Muchos intelectuales y analistas políticos se pronunciaron en contra del resultado de las elecciones. Día con día ganábamos credibilidad nacional e internacional.

A pesar de los esfuerzos, el 30 de agosto de 1991 se declaró oficialmente ganador a Ramón Aguirre Velásquez, el candidato del PRI. Pero ante la sorpresa de todos, Aguirre Velásquez anunció que no tomaría posesión del cargo. Con el entusiasmo popular, el Congreso local eligió como gobernador interino al presidente municipal de León, Carlos Medina Plascencia, quien asumió la gubernatura el primero de diciembre de 1991.

"¡Tomemos las calles!"

Aunque para su segunda campaña, Vicente Fox era ya el líder moral indiscutible de los panistas en el estado de Guanajuato, y esto lo avalaba como candidato para gobernarlo, sabíamos que para que no se repitiera lo ocurrido en la primera campaña, era preciso aprovechar todos los recursos de que disponíamos y hacer valer nuestra capacidad de movilización. Fueron días de nervios; días de carreras, de dormir poco y trabajar mucho.

El triunfo en las elecciones extraordinarias del 28 de mayo de 1995 fue abrumador. Sin sospecha de duda, Vicente Fox ganó las elecciones con un cómodo 58.1 por ciento de los votos según los datos preliminares del Instituto Electoral. Y, ¿quién puede dudarlo?, las mujeres fuimos un factor crucial en ese triunfo. Pusimos toda nuestra energía al servicio de la causa:

> ¡Salgamos!
> ¡Tomemos las calles!
> ¡Toquemos a las puertas!
> ¡Hablemos fuerte!

No nos faltaron agallas para luchar por un futuro de libertad para nuestros hijos. Así, con pasión y entrega, lo logramos. Celebramos con júbilo. No sólo los militantes del Partido sino también aquellos hombres y mujeres anhelantes de un futuro mejor. Ahí estaban mis amigas de campaña: Tere Miranda, Ruby Laura, Lupita Suárez, por mencionar algunas. Nos abrazamos fuerte. Se vale disfrutar cuando se gana. Ahí estaba también mi familia, mis hijos Manuel, Jorge Alberto y Fernando. Muy atrás había quedado la nostalgia de un triunfo no alcanzado. Sin duda, el aroma y la atmósfera eran distintos ahora.

"Eres mujer"

Tras el triunfo, yo volví a mi empresa farmacéutica. Las ventas seguían bien, afortunadamente. Trabajaba en mi escritorio cuando sonó el teléfono. Era Vicente Fox. No podía creerlo. Quería invitarme a una reunión para conversar conmigo sobre su equipo de gobierno. Yo no había trabajado en su campaña en busca de algún puesto. No tenía intención de formar parte de su gobierno y se lo hice saber. Pero insistió y accedí a entrevistarme con él.

La cita fue al día siguiente, en la ciudad de León, a las doce del día en sus oficinas provisionales. Un recuerdo que atesoro es el de Vicente, parado detrás de su gran escritorio, muy a tono con su estatura imponente, hablándome con entusiasmo de todos sus planes. Yo estaba nerviosa. Y eso que durante aquella conversación sólo llegué a pensar que el gobernador electo podría proponerme la dirección del DIF estatal.

La invitación fue para encabezar la Coordinación General de Comunicación Social del Estado de Guanajuato. Imposible disfrazar mi sorpresa. Yo no tenía experiencia en comunicación ni tampoco en periodismo. Debía haber una confusión. Con la generosidad que lo caracteriza, Vicente argumentó:

Conoces la política.
Tienes un gran sentido común.
Te relacionas muy bien con la gente.
Vienes de fuera del medio.
Eres mujer.

Mi corazón palpitaba fuerte. Se trataba del reto más grande de mi vida. Me entusiasmaba. Me entusiasmaba mucho. Supe, en ese momento, pero no me lo dije ni a mí misma, que la decisión estaba tomada: trabajaría para el gobierno de Guanajuato. Antes de dar la respuesta formal tenía que hacer una llamada: a mis padres, quienes han sido siempre mis más grandes consejeros, para comunicarles la invitación.

Cuando se enteró, mamá me pidió que reflexionara sobre la diferencia que había entre una vida profesional, de superación y trabajo social, realizada en el sitio donde yo vivía, y una que demandaría toda mi energía al tener que viajar diariamente de Celaya a Guanajuato. Ésta segunda implicaba menos tiempo para convivir con mis hijos. Sus palabras me inquietaron.

Los puntos de vista de papá, con quien siempre he tenido una relación estrecha y un gran entendimiento, no se alejaban demasiado de los de mi madre; pero incluían un mensaje de aliento y de confianza en mi intuición y en mis anhelos. Sus palabras fueron el impulso que necesitaba para que acogiera, con optimismo y confianza, la nueva oportunidad que la vida me daba.

Muy pronto fui citada a una primera reunión para conocer el equipo de trabajo de Vicente Fox. Conocía a varios integrantes; a otros los veía por primera vez. Imposible dejar de percibir el enojo y la desconfianza de algunos. Más de una vez escuché: "¿Por qué ella?", la misma pregunta que siguen haciéndose muchos hombres cuando una mujer alcanza un puesto de relevancia.

Es verdad que el reto de dirigir la Coordinación General de Comunicación Social del Gobierno del Estado de Guanajuato era enorme. Requeriría de una conducción talentosa y de gran profesionalismo y yo lo sabía. Me propuse demostrarme a mí misma, y a los demás, que podía hacerlo y muy bien. Respiré hondo y empecé a hacer la lista de las tareas. Lo primero que escribí fue: "contratar a un equipo calificado".

Recuerdo que en mi primer día de trabajo me sorprendió que las ventanas del bello edificio sede de las oficinas, que en su tiempo fuera la escuela de música de Guanajuato, estuvieran cerradas. Faltaba luz. No había una sola planta. Mucho menos una flor. Las flores me remiten a mi madre y me producen sentimientos reconfortantes de la vida familiar: a partir de ese día hubo siempre tantas rosas y margaritas en la oficina, como disciplina y compromiso.

Durante los años que participé en el gobierno de Guanajuato, las advertencias de mi madre no me dejaron nunca. Muchos compañeros hablaban del alto costo familiar de un puesto político. Yo decidí que durante los años que trabajara como Coordinadora de Comunicación Social, Manuel, Jorge Alberto y Fernando continuarían siendo mi prioridad. La comunicación entre nosotros no debía romperse.

"Así lo dije y así lo haré"

El 6 de julio de 1997 fueron las elecciones intermedias en Guanajuato. Yo estaba atendiendo una casilla de votaciones en Celaya cuando sonó el celular. Era el subcoordinador de Comunicación Social del Estado, Rafael Díaz. Alarmado me dijo: "los medios de comunicación están dando la noticia de que el gobernador Fox ha anunciado, después de emitir su voto, que buscará la Presidencia de la República en el año 2000".

"Seguramente hay un error, hay que hacer la precisión pertinente", pensé. Llamé al gobernador. Vicente Fox comía tranquilo en casa de su madre, Doña Mercedes; me escuchó sin interrumpir y luego respondió: "No. No hay que hacer ninguna precisión. Así lo dije y así lo haré". La decisión estaba tomada. Una oleada de frío y otra de calor recorrieron simultáneamente mi cuerpo. Las palabras me habían producido una maraña de sentimientos que tardaría años en desenredar. ¿Cómo saber entonces que algún día me convertiría en su compañera inseparable, en la esposa del hombre con quien acababa de hablar?

A los pocos días, Vicente nos convocó a Eduardo Sojo, a Ramón Muñoz y a mí a una reunión en su casa. Era un sábado, recuerdo. Sentados a una mesa de marquetería cuadrada, al lado de un estanque donde podían distinguirse las carpas y a la sombra de un enorme pirul, escuchamos su plan sin parpadear:

Trabajar duro.
Diseñar la estrategia.
Darnos a conocer.
Convencer.
Ganar.

Bastaron diez palabras para trasmitirnos la envergadura de la tarea que se nos avecinaba. Vicente habló de nuevo: "Marta, yo te invito a unirte a nosotros". Al escuchar estas frases sentí por primera vez la fuerza de su mirada. Había en ella una vida nueva. Pero todavía no me daba cuenta…

No era una orden. Era sólo una invitación. Pero yo la anhelaba. Estaba esperándola sin saberlo. Ese día mi vida cambió para siempre. Mis actividades dejaron de ser locales para convertirse en nacionales. Una parte del tiempo lo dedicaba a cumplir con responsabilidades estatales y otra a encaminar proyectos destinados a conquistar la Presidencia de la República.

El primero de agosto de 1999 Vicente Fox rindió su último informe como gobernador de Guanajuato, dos años antes del término de su mandato. Tuvo que hacerlo. Cada día le resultaba más difícil deslindar su responsabilidad como gobernador y su inminente candidatura. Ramón Martín Huerta, secretario de gobierno, fue nombrado gobernador interino por el Congreso local.

Varios miembros del gabinete renunciamos. Primero unos, otros después. Yo lo hice de inmediato sabiendo que seguiría como responsable de Comunicación pero no ya del gobierno de Guanajuato sino de Vicente Fox Quesada, el candidato a la Presidencia de la República por el Partido Acción Nacional y la Alianza por el Cambio.

Tenía ante mí un reto de alcances y trascendencia nacionales. Me tocaba asumirlo, como los anteriores, con el escepticismo de algunos compañeros respecto de mis capacidades. En varias ocasiones me trataron de manera irrespetuosa. Yo me propuse enfrentarlos con entereza y dignidad. Sabía que era lo mejor. Sus agravios y prejuicios sólo sirvieron para fortalecerme, para animarme a perseverar en la búsqueda de mi ideal.

Cuando un ideal se ve amenazado, busca atajos para realizarse y pronto aprende a salvar las acechanzas. Su fuerza es capaz de eliminar cualquier obstáculo porque la alimenta una pasión muy noble. Algunos hombres consideran que hablar de ideales es inútil o poco práctico; ellos ignoran que los ideales enaltecen.

En mi campaña por la alcaldía de Celaya y en la de Vicente Fox para la gubernatura, aprendí que una campaña puede ser larga o corta dependiendo de la intensidad con que decidas vivirla; que se compone de días de intenso trabajo, de insomnio y de dar hasta el último aliento para que todo salga bien y obtener el triunfo. Aprendí, sobre todo, que la movilización ciudadana es lo más importante. Todos son bienvenidos a colaborar. Hay que sumar esfuerzos y unir voluntades. En una campaña electoral nadie sobra. Todos hacemos falta. Este aprendizaje fue mi punto de partida en la campaña presidencial.

Mi escondido dolor

Desde el primer día, la campaña presidencial de Vicente Fox se convirtió en la pasión de mi vida y alcanzar el triunfo, en mi ideal. Esto me dio la energía suficiente para actuar con arrojo y decisión en cada momento. Recorrimos el país a lo largo y a lo ancho y no sólo el estado de Guanajuato como en la campaña anterior. Visitamos ciudades, pueblos, comunidades, rancherías. Nos reunimos con jóvenes, mujeres, ancianos, indígenas, trabajadores del campo, obreros, empresarios, hombres y mujeres llenos de esperanza.

Nos acercamos a miles de personas para explicarles la importancia de un cambio político. En todos los comités estatales y municipales reinaba el entusiasmo. La gente entraba y salía. Las banderas ondeaban. Los camiones con altavoces recorrían las calles. Niños, jóvenes, adultos, mujeres, muchas mujeres, distribuían trípticos y folletos con ánimo de fiesta. Todos estábamos contagiados de optimismo. Se respiraba la alegría de vivir. Un pueblo entero con un mismo ideal: el cambio.

31

"Cambio" era el palpitar de la nación. México debía y podía ser un país más libre. Cada día intensificábamos el trabajo para asegurar la meta. Preparábamos actos. Dábamos entrevistas a los medios de comunicación. Yo personalmente pedí, y llegué incluso a exigir, igualdad de trato y tiempo para mi candidato.

El 24 de junio del 2000, muchas almas nos reunimos en el zócalo de la ciudad de México para el cierre de campaña.

Todavía revivo ese momento y me es difícil contener el llanto.

Todavía cierro los ojos y puedo ver a esa multitud colmada de ilusión y de amor a la patria.

Todavía me late fuerte el corazón al recordarlo a él, a Vicente, al frente de todos pidiendo unidad.

Llegó por fin la fecha esperada: primero de julio del 2000. Vicente se fue al Rancho San Cristóbal, su casa, a esperar con sus hijos, Ana Cristina, Vicente, Paulina y Rodrigo, que llegara el día dos para ir a votar. Mi domicilio seguía estando en

Celaya pero permanecí en la ciudad de México. Voté a las nueve de la mañana en una casilla especial. Recorrí otras casillas. Todas estaban llenas. Cuando Vicente me llamó por teléfono, ya de regreso, me preguntó: "¿Cómo ves?". Sin vacilar le respondí: "Vas a ganar".

Nos trasladamos a la sede central del Partido Acción Nacional. Durante las tempranas horas de la mañana todo era nerviosismo. Las primeras encuestas no nos favorecían. A partir de la una de la tarde, las tendencias empezaron a cambiar. Vicente llegó a la sede del partido con sus hijos, con Doña Mercedes, su madre, y sus hermanos y hermanas. Comimos todos juntos. A las tres de la tarde sonó mi celular. Era Liébano Sáenz, secretario particular del Presidente Zedillo. Nuestra información coincidía. Ya no había duda. El triunfo era de Vicente.

Yo había conversado con Liébano algunos días antes. Él se preocupaba de que, tras la elección, independientemente de los resultados, el Presidente Zedillo recibiera un trato respetuoso. Si el triunfo era nuestro, el trato debía de ser de Presidente electo a Presidente saliente. La actitud democrática del Presidente Zedillo, la noche de la elección, merece reconocimiento.

A las cuatro de la tarde empezó la celebración en la sede del Partido. Llegaron los mariachis. El festejo era doble: por un lado el triunfo y por el otro, el cumpleaños de Vicente. Pero no sólo en el Partido empezaba la fiesta; familias enteras salían a la calle ondeando la bandera nacional. Llegaron mis hijos. Compartí abiertamente con ellos mi profunda emoción. Nunca les había ocultado mi amor por este país y mi convicción por el cambio. Tampoco les había ocultado mis sentimientos por Vicente.

Esa noche, millares de personas se reunieron en el Ángel de la Independencia. Yo no fui. En aquella ocasión memorable, Manuel, Jorge Alberto y Fernando se convirtieron en los cómplices de mi profunda alegría pero también de mi escondido dolor. Mi vida personal era incierta y eso me asustaba...

"¿Debo marcharme?"

El 3 de julio los mexicanos amanecimos en un país diferente. Nos había tocado en suerte vivir tiempos extraordinarios. Presenciábamos un momento único en nuestra historia. Quizá por eso había una luz especial en la mirada de la gente. Los pormenores de este acontecimiento inédito en la historia nacional, tienen que asentarse en mi memoria para revivirlos en su magnitud y esplendor.

Inmediatamente después del triunfo, Vicente Fox se concentró en recibir la administración del gobierno federal y en decidir la formación de su gabinete. Yo seguía siendo la responsable de la Comunicación Social y tuve el privilegio de anunciar quienes lo conformarían.

Considero que las mujeres del México actual tenemos el enorme reto y la gran responsabilidad de participar en la vida nacional sin perdernos; de desarrollar nuestras tareas aportando nuestra identidad femenina y afirmando nuestra vocación de mujeres de la modernidad. Así me he propuesto hacerlo en los trabajos que he desarrollado. Así lo hice cuando actué, al inicio del gobierno del Presidente Fox, como cabeza de la Coordinación General de Comunicación Social de la Presidencia de la República.

En aquella ocasión, como en todas las anteriores, asumí mis funciones de forma respetuosa; con ética y reglas claras buscando siempre puntos de encuentro en las diferencias con los medios de comunicación. Hoy todavía me pregunto, ¿de dónde surgen las fuerzas que nos permiten enfrentar con éxito los retos del trabajo cuando la vida personal está en una vorágine?

Al tiempo del cambio político, yo estaba atravesando por una situación emocional complicada. Conocía muy bien los rumores y las dudas que circulaban: "¿Dónde vive Marta?". "¿Es la pareja del Presidente?" Los cuchicheos no dejaban de afectarme. Pronto comprendí que si no quería que me destruyeran, tenía que poner distancia. Lo hice a través de un monólogo que recitaba, en silencio, cuando detectaba alguna manifestación de suspicacia:

Nada de esto me humilla: mi forma de entender y vivir al amor no lo permite.

He tomado decisiones radicales y he corrido muchos riesgos.

He cumplido con mi primer gran compromiso con el hombre que amo: ayudarlo a alcanzar la Presidencia de México para impulsar el desarrollo y el bienestar de los mexicanos.

Como cualquier mujer, no sólo tengo la voluntad y el deseo sino también el derecho de comenzar una nueva vida.

Me repetí a mí misma tantas veces estas frases, que llegué a distinguir, sin que me afectara, la aceptación y el rechazo en las expresiones de los rostros, en el tono de la voz y en los ojos de las personas con quienes conversaba. Podía recibir agravios sin doblarme. La tristeza por el ocultamiento de mi relación con el hombre que amaba y de los sentimientos que la alimentan, cobraron un sentido casi sublime.

No había existido promesa alguna de matrimonio de parte de Vicente y sí, de vez en vez pasaba por mi mente la duda: "¿Debo marcharme?". Todavía no encuentro las palabras que le hagan justicia a nuestra historia de amor. Espero llegar a encontrarlas y ponerlas en blanco y negro. Pero hay una escena que no se me quita del corazón:

20 de junio del 2001

8:30 a.m.

Hoy empezamos a programar la celebración del 2 de julio, primer aniversario del triunfo. Ese día recibiremos también la visita oficial del Presidente del gobierno de España, José María Aznar, y su esposa, Ana Botella.

Tengo acuerdo con Vicente.

Voy a su oficina.

Libreta en mano, me dispongo a recibir instrucciones.

"Marta, falta muy poco para el 2 de julio. Es una fecha muy importante para México por muchas razones. Quiero sumarle una para nosotros. Prepara todo para nuestro matrimonio".

Enmudezco.

Miro a Vicente a los ojos.

Nos abrazamos.

No hacen falta palabras.

Nadie debe saberlo. La boda será el 2 de julio, a las ocho de la mañana, en La Cabaña de Los Pinos con la presencia de quienes Vicente y yo acordamos: el juez, pues sin él no hay boda, mis tres hijos, Mónica, la esposa de mi hijo Manuel, José, el hermano de Vicente, su esposa Lucha y mi papá, Alberto, que había enviudado hacía poco y sabía el gozo que el matrimonio le habría producido a mi mamá.

Ese día me levanté a las cinco de la mañana.

Los invitados llegaron puntuales.

Después de las firmas, brindamos con jugo de naranja.

En seguida, el Presidente salió rumbo a Palacio Nacional para darle la bienvenida oficial al Presidente del gobierno de España y a su esposa. Por la noche, en la cena de estado, Vicente y yo entramos tomados de la mano, como marido y mujer.

Mi espíritu estaba sereno, tranquilo.

Al día siguiente empezó una nueva etapa de mi vida. Sabía que no podía pertenecer más al equipo de gobierno. Tenía ante mí un nuevo reto y una maravillosa oportunidad. Sabía cómo no quería vivirlos:

No sería adorno de la casa presidencial.

No serviría sólo de compañera protocolaria.

No aceptaría que se me impusiera a dónde ir y qué decir.

No dejaría de trabajar.

No caminaría detrás de Vicente. Caminaría a su lado.

Si para recobrar lo recobrado,
debí perder primero lo perdido,
si para conseguir lo conseguido,
tuve que soportar lo soportado.
Si para estar ahora enamorado
fue menester haber estado herido
tengo por bien sufrido lo sufrido
tengo por bien llorado lo llorado.
Porque después de todo he comprobado,
que no se goza bien de lo gozado
sino después de haberlo padecido.
Porque después de todo he comprendido
que lo que el árbol tiene de florido
viene de lo que tiene sepultado.

Santa Teresa de Jesús

35

Al convertirme en la esposa del Presidente de México mi propósito era trabajar por los grupos más necesitados, desde mi experiencia, haciendo valer mi trayectoria. Visitaría las comunidades más pobres, me acercaría a las mujeres y a los niños; escucharía sus problemas y sus anhelos de viva voz, como lo he hecho siempre. Estaban, desde luego, los mitos acerca de mi nuevo rol y la intención de ejercerlo desde mi realidad de mujer del siglo XXI.

Primero resolvería el dilema central de muchas mujeres: conciliar la vida familiar, que es mi centro y fuente de energía, con mis nuevas obligaciones. Aunque había trabajado fuera de la casa buena parte de mi vida, mis circunstancias como esposa del Presidente Fox eran excepcionales. Tengo siempre presentes las advertencias de mi madre y en esta ocasión eran más relevantes que nunca: hay diferencia entre una vida profesional de superación y trabajo social, y una que demanda toda la energía porque ésta implica menos tiempo para convivir con la familia.

Sé que el cariño se alimenta con atención y cuidados y, sin importar qué tan ocupada estoy, mi familia tiene el lugar prioritario en mi agenda. Atiendo la casa personalmente y me esfuerzo para que su ambiente sea acogedor: pongo flores en la sala, las rosas blancas me gustan mucho, o dulces ricos en algún rincón muy íntimo. Todos los días superviso qué vamos a comer y con frecuencia incluyo en el menú, viejas recetas zamoranas de mi madre o de mi abuela.

Mis padres acostumbraban comer carnita con chile y frijoles, pero lo principal era siempre la verdura. Yo he seguido su ejemplo y en mi mesa las verduras tienen un sitio especial. Me gustan los nopales a la mexicana y el queso cotija de la tierra de mi padre que es delicioso para botanear; también las tostadas de tortilla de maíz hechas en casa y en el comal, los chongos zamoranos y la cajeta.

Para mí, la comida en familia es un momento sagrado: se comparten las experiencias del día y nos recargamos de energía, física y espiritual, para enfrentar la tarde con optimismo. No iba a abandonar esta costumbre tan mexicana y tan mía, en La Cabaña, una hermosa casa de techos a dos aguas y espacios amplios y soleados que tiene como vista el enorme y maravilloso jardín de la residencia oficial de Los Pinos, donde viviríamos Vicente y yo.

Al lado del comedor de La Cabaña hay un patio pequeñito, con una jaula al centro poblada de periquitos y ninfas amarillas y aperladas, y una mesa redonda cubierta de una sombrilla. Un verdadero regalo de Dios. ¿Qué mejor sitio puede haber para tomar el café y un buen postre —soy muy dulcera—, con el canto de las aves como telón de fondo?

El tema del trabajo era más complicado. El papel de esposa del Presidente de México no debía mantenerse ajeno a los aires de renovación que soplan en el país desde el 2000. Tampoco sustraerse de las nuevas tendencias mundiales ni dejar de vincularse a los logros acumulados de las mujeres mexicanas en su lucha por la equidad de género.

Hay una tradición en torno a esta función que es preciso considerar. Pero los tiempos son otros. Además, tampoco puede olvidarse que algunas de mis predecesoras definieron su compromiso con las causas nacionales de manera vanguardista para su momento histórico. Una de ellas, por ejemplo, institucionalizó algunos servicios sociales destinados a los niños.

Yo no estaba dispuesta a diseñarme una personalidad ajena a mí misma para consumo de los siguientes cinco años. Me pondría al servicio de mi país, respetando la tradición y apegada a las leyes pero a partir de mi propia trayectoria. Era lo más valioso que podía aportar. Caminaría al lado de Vicente, no detrás.

El Presidente Fox está convencido de que para cambiar a un país, hay que empezar cambiando el hogar. Entre él y yo existe el respeto. Somos una pareja solidaria que diferencia y valora los ámbitos de responsabilidad de cada uno y aprecia sus decisiones personales y profesionales. Yo contaba y cuento con su apoyo para realizar mis actividades en libertad y en los espacios que considero adecuados, con la esperanza que repercutan en beneficio de los mexicanos y las mexicanas. Haría camino al andar y correría los riesgos implícitos.

No puedo evitarlo

El afán de conocer mejor a mi país y a su gente, me ha llevado a visitar todos los estados de la República y muchos rincones del Distrito Federal. He asistido a reuniones de empresarios, empresarias, agricultores, ganaderos, industriales, comerciantes, maestros, maestras, obreras, científicos y creadores que impulsan el desarrollo nacional con su inteligencia, entrega y quehacer.

Me ha llevado también a participar en foros nacionales e internacionales en busca de ideas sobre problemas de educación, salud y discapacidad, sobre todo en relación con las mujeres. Menciono algunos que me vienen a la memoria: el I Foro Internacional Mujer Trabajadora Siglo XXI: Retos y Familia; el Congreso Mundial de Mujeres Empresarias, el Congreso Internacional Mujer, Familia y Misión y la X Conferencia de Esposas de Jefes de Estado y de Gobierno de las Américas, en Quito, Ecuador, donde asumí la Secretaría Pro-Témpore de la XI Conferencia. Hace dos años, me entrevisté con los directivos de Child Focus, una organización radicada en Bélgica que se especializa en los casos de desaparición y de abuso de menores. A partir de la visita reforcé mi apoyo a los niños que han padecido abuso y a las madres que han perdido un hijo.

Mis encuentros con hombres y mujeres, niños, niñas y adultos mayores de muchas regiones del país, son entrañables. Ha sido una fiesta disfrutar de sus charlas, sus risas, su cercanía, su vitalidad, sus ojos penetrantes, su entereza, su fe. Cada encuentro ha tenido un encanto especial, un sello que lo distingue de todos los demás. ¿Cómo describir estas experiencias en unas cuantas palabras? Han sido demasiado ricas.

Las mujeres somos dadas a contarles cuentos a nuestros hijos e hijas cuando ellos son pequeños, y a nuestros nietos cuando nos volvemos abuelas. Es una de nuestras maneras más bellas de estar juntos, de establecer contacto. Recurriré a esta costumbre ancestral y, para trasmitir mis vivencias, les contaré historias. Podía haber elegido cualquiera de las muchas que he escuchado en mis recorridos o me han contado en reuniones, todas son frescas y muy enriquecedoras. Me incliné, finalmente, por algunas de mujeres que viven en zonas marginadas.

Al privilegiar las historias de mujeres pobres, no pretendo sugerir que sólo ellas padecen de algún tipo de abuso, discriminación o problema que merece resaltarse. ¿Cómo dejar de advertir la marginación que padecen otros grupos vulnerables del país, o los problemas que tienen las clases medias o los empresarios para llevar adelante sus proyectos?

Si me refiero aquí específicamente a las mujeres marginadas y a sus hijos es debido a que, por su alto grado de vulnerabilidad y marginación, ellos pueden ser considerados emblemáticos de las carencias y las injusticias que existen todavía en nuestro país. Aunque tengo que reconocer que mi condición de mujer y de mamá tuvo también que ver con mi elección de historias.

No puedo evitarlo, soy muy sensible al sufrimiento de una madre que tiene un hijo enfermo o con problemas; a la ansiedad de otra que trabaja dentro y fuera de la casa y la citan a una reunión de trabajo el mismo día que entregan las calificaciones de su hija; o a las angustias de una parturienta, a punto de dar a luz, que vive lejos del hospital, como le pasó a una mujer que vive en la sierra del norte de Puebla.

Un parto en la sierra

Eunice, una joven mujer que vive en un poblado del estado de Puebla, empezó con dolores de parto. En la ranchería donde ella vive, no hay una casa de salud bien equipada ni tampoco una partera. Su hermana fue corriendo a una comunidad cercana que cuenta con radio, a pedir una ambulancia. Por fortuna la ambulancia llegó a tiempo para llevar a su hermana al hospital. Hace dos años, la joven parturienta habría dado a luz en su casa y sin ayuda: entonces no tenían radio.

Para muchas mujeres urbanas, esta historia nos es lejana, acostumbradas como estamos a ver teléfonos en cada esquina o a tenerlos en nuestras propias casas o incluso en nuestras bolsas si se trata de un teléfono celular. Quizá podamos entenderla mejor si nos imaginamos cómo nos sentiríamos si estando embarazadas nos damos cuenta que el parto es inminente, una noche en que no hay nadie en casa, se acaba de ir la luz y el teléfono no sirve.

En muchas zonas apartadas de México hay todavía rancherías que no tienen manera de comunicarse afuera. Cuando oímos hablar de algún proyecto destinado a ampliar las redes de comunicación nacionales, es probable que imaginemos redes telefónicas. Sin embargo, en muchos lugares, el radio es una mejor opción.

Hay organizaciones civiles que hacen un trabajo admirable, asesorando a estas comunidades en la instalación de antenas y redes de comunicación por radio. Algunos programas oficiales, entre ellos "Arranque parejo en la vida", se dedican a capacitar parteras y a dotarlas de maletines surtidos con los instrumentos más necesarios para atender partos. Estos maletines casi son tan necesarios como el radio en estos apartados sitios.

"¿Qué hice mal?"

Una historia recurrente en los barrios urbanos, es la de Lauro, un adolescente de ojos aceitunados y piel transparente que sonríe de manera picaresca. Hace más de tres años, este jovencito de catorce años de edad abandonó la escuela. Sus padres lo enviaron a vivir con una tía porque estaba echando a perder a sus hermanos y causaba ansiedad a los abuelos; se perdía por días y volvía a casa en un estado deplorable. Luego se fue con una hermana casada quien tampoco pudo con él y lo mandó de regreso a su casa. Por temporadas, Lauro, que no encuentra acomodo, vive en la calle.

Hay muchos Lauros en el país; jóvenes fácilmente reclutados por la delincuencia organizada para hacer el trabajo sucio. Un lamentable desperdicio de riqueza humana. La madre de Lauro, que ha intentado sin éxito toda suerte de reprimendas y cohechos para que su hijo vuelva a la escuela, me pregunta: "¿Qué hice mal?"

"¿Qué hice mal?" Una pregunta que todas las madres nos hemos hecho alguna vez. Seguimos siendo las principales educadoras de nuestros hijos e hijas. Asumimos como propios sus éxitos y fracasos vanagloriándonos de los primeros y culpándonos de los segundos. ¿Cómo podía ser de otra manera si cuando las cosas van mal somos nosotras las encargadas de corregirlas y cuando van bien de que sigan así?

Es la madre de Lauro, no su esposo quien pasa largas temporadas fuera de casa, quien se angustia por él. Es ella quien se ha impuesto la tarea de encontrar remedio a una situación que se antoja casi imposible de resolver; una situación que la trasciende, quizá sin que ella se dé cuenta, porque acrisola problemas sociales que rebasan por mucho las esferas familiar y educativa.

El problema de Lauro no es sólo la deserción escolar. Está vinculado con cuestiones de alimentación, salud, hacinamiento, discapacidad, alcoholismo, emigración, marginación femenina y machismo, entre muchos otros. No basta con que vuelva a la escuela para que su vida cambie; es necesario que todas sus demás circunstancias cambien también. Pero si dejo de mencionar algunos valores familiares que subyacen en la historia de este apuesto jovencito, habré narrado sólo parte de la misma.

Desempeñé mi papel de madre y ama de casa, con entrega. Así me lo inculcaron mis padres. Si mis hijos, cuando niños, se enfermaban, yo me preocupaba y los llevaba al médico. Si tenían problemas, los escuchaba. Estaba siempre pendiente de sus estados de ánimo y cuando saboreaban una sopa de tortilla, un postre de coco o cualquier otro platillo que yo había hecho a partir de una nueva receta, cuando veía que jugaban contentos en el jardín, me llenaba de gozo.

Nunca se me ocurrió medir mi trabajo en el hogar con otro metro que no fuera el amor y, si acaso alguna vez me pasó por la cabeza ponerle un valor monetario, seguramente descarté el pensamiento antes de hacerlo consciente porque me habrá parecido un sacrilegio. Pero al escuchar repetidamente historias como la de Lauro, he calibrado el valor de las actividades tradicionalmente femeninas en términos del capital social y humano del país.

Es conmovedora la fortaleza y entrega de la madre de Lauro, una mujer capaz de enfrentar los problemas de su hijo con una esperanza sin fin y una paciencia de santa. La solidaridad familiar es otro rasgo sobresaliente de la historia de este joven; se manifiesta en el hecho de que los abuelos viven en su casa, a pesar de que las condiciones de vida son precarias; se manifiesta también en que todos los parientes colaboran para que el joven en aprietos sortee las dificultades. Estas conductas son activos del joven y cumplen una función social invaluable.

El apoyo económico y emocional, permanente y gratuito, que Lauro recibe de parte de su madre, de su tía y de sus abuelos es, hoy por hoy, la única luz en el oscuro túnel de su vida. Lo mismo ocurre en el caso de otros muchos jóvenes que andan a la deriva y de tantos adultos mayores que reciben pensiones cada vez más insuficientes. Las familias mexicanas contribuyen al bienestar social con el ejercicio cotidiano de sus valores, ¿apoya la sociedad a sus familias en la misma medida?

Esta interrogante resalta la pertinencia de la pregunta de la madre de Lauro, "¿qué hice mal?" Nadie nos enseña a ser madres o padres y tenemos la responsabilidad de capacitarnos en ese sentido. Los niños de hoy tienen mucha información y creen que lo saben todo. Los padres y las madres necesitamos los conocimientos suficientes para conservar su respeto y guiarlos adecuadamente. Esto es indispensable para que ellos encuentren su camino en un ambiente saturado de información insulsa. Necesitamos apoyos para hacer mejor nuestra tarea.

"Ahora no tengo tiempo"

La *Guía de Padres* que promuevo con tanta vehemencia, tiene ese propósito. Se distribuye de manera gratuita en todo el país y no es un recetario ni un tratado de psicología. Tampoco es una panacea ni está hecha para sustituir el criterio de los padres y las madres. La *Guía de Padres* sólo busca aclarar dudas recurrentes sobre la educación de los hijos y promover una relación más cercana de los niños con sus padres durante los años clave de su formación.

Cuando recuerdo la infancia de mis hijos, me doy cuenta de cuántos errores habría podido evitar; de que, con frecuencia, los padres educamos a nuestros hijos en la represión y en el temor en vez de educarlos en la responsabilidad y el amor; de que a menudo olvidamos hacernos presentes.

No es sólo un asunto de dedicarles tiempo. Es preciso que ellos sepan con certeza que estamos ahí para ellos, que son nuestra prioridad. ¡Les hacemos tanto daño con el "ahora no tengo tiempo", "no molestes" y otras frases semejantes! Para que nuestros hijos sepan que nos importan debemos ponerles atención, a ellos, a lo que hacen y a lo que dicen. Esto se nos dificulta a las madres al atravesar por situaciones difíciles como cuando nuestro esposo, el padre de nuestros hijos, abandona el hogar.

Uno de los temores más grandes de muchas mujeres mexicanas, sigue siendo el abandono del esposo o la pareja; por encima de clase social o circunstancias, vulnera nuestra autoestima, lo que no deja de ser paradójico a la luz de todas las actividades que realizamos con éxito, dentro y fuera de la casa. Sin embargo, no podemos cegarnos al hecho de que el hombre es todavía el principal sostén de muchas familias y, cuando abandona el hogar, deja por lo general tras de sí una larga estela de inseguridad material y espiritual.

El abandono del hogar por parte del padre es una práctica común en todos los grupos sociales. Las causas pueden ser muchísimas. Hay que estudiar los casos específicos, en su contexto particular, para entenderlos mejor. No se trata aquí de aventurar alguna explicación o de adjudicar responsabilidades o culpas. Sólo me interesa señalar que, en la medida en que es un fenómeno que afecta la vida de los menores, debe abordarse en foros y en proyectos nacionales de investigación. También que, en la medida en la cual es una realidad social que no deja lugar a duda, los programas de apoyo social deben tenerlo presente cuando definen los destinatarios de sus recursos.

41

Para vulnerar la dosis de machismo que posiblemente existe en el abandono del padre, las madres podemos llevar a cabo dos prácticas relativamente sencillas: una, exigir a nuestros hijos hombres, no sólo a las mujeres, que asuman una parte de las tareas domésticas en la casa y dos, modificar la obsoleta inclinación de darles a ellos el lugar preferente en la mesa y servirles primero la comida.

No sólo los hombres abandonan el hogar, las madres también se van. En este caso, es probable que el golpe afecte muy profundamente la psique de los niños y que éstos se queden a cargo de personas que no siempre asumirán con gusto la nueva responsabilidad.

Cuando el abandonador es el padre, los hijos permanecen con la madre y aunque, en este sentido no pierden estabilidad, la madre suele desequilibrarse, al menos por un tiempo, y ellos, los hijos, quedan inmersos en la incertidumbre, la soledad y el miedo. A esto hay que sumarle la violencia intrafamiliar que con frecuencia acompaña al abandono del progenitor.

Repetirse y volverse a repetir

Me entristece sobremanera la violencia en contra de las mujeres. Bastaría con mencionar los crímenes de Ciudad Juárez para conocer su dimensión. Pero, aunque este caso enchina la piel, si se considera aislado, puede interpretarse como que el fenómeno de la violencia está geográficamente localizado y nada más lejos de la verdad. Hay datos que tienen que repetirse y volverse a repetir para que penetren en la conciencia nacional: cerca del 47 por ciento de las 19.5 millones de mujeres mexicanas de quince años o más, ha tenido, al menos, un incidente de violencia en su hogar.[2]

Sin embargo, estas estadísticas hablan, pero no lo dicen todo. Fuera de contexto, pueden sugerir que las mujeres somos sólo víctimas indefensas y débiles, incapaces de enfrentar la vida, y que como tales debemos ser tratadas.

La conclusión se matiza si añadimos que, como tantas otras, la mayoría de las mujeres golpeadas llevan a sus hijos a la escuela, les procuran alimentos y cuidan de su salud; trabajan para mejorar su economía y mejorarse ellas, y es común que se solidaricen con sus vecinos y les presten todo tipo de ayuda. He conocido a mujeres pobres, madres de varios hijos, que, tras padecer violencia, adoptan, sin vacilar, a un niño cuya madre ha enfermado.

La colaboración social y económica que realizamos las mujeres de manera silenciosa, sin retribución económica y casi sin darnos cuenta, es formidable. En aras de la reciprocidad, no sólo debemos ser auxiliadas y protegidas en situaciones extremas, como puede ser el abandono de nuestra pareja o la violencia intrafamiliar, también se nos debe dar ayuda a tomar conciencia de nuestra dignidad desde niñas, a utilizar nuestros recursos humanos y materiales en beneficio propio, a hacer valer nuestros derechos y mejorar nuestras economías. En suma: prevención y capacitación además de auxilio en momentos de crisis.

Podría comenzarse por desactivar, mediante *spots* mediáticos, la costumbre de privilegiar a los hijos hombres en las oportunidades educativas y deportivas y por diseñar campañas con imágenes dignas de mujeres de todas las edades y condiciones sociales. Podrían diseñarse programas nacionales de microcréditos dirigidos a mujeres así como cursos de asesoría contable y de capacitación para realizar trámites administrativos y bancarios, ya que muchas veces su desconocimiento ocasiona que proyectos atractivos se queden sin realizar.

No es que desconociera historias semejantes a la de Lauro o ignorara la frecuencia del abandono del padre o de la violencia en contra de las mujeres; lamentablemente son fenómenos sociales demasiado evidentes. Sólo que cuando me miraron a través de muchos ojos y sus rostros, complexiones, nombre y estilo de sonrisa se multiplicaron por los cientos de millares, dejaron de ser los casos contados que atendí en la adolescencia y se convirtieron en desventuras sociales que hacen peligrar la supervivencia misma de muchas familias mexicanas.

[2] Instituto Nacional de Estadística, Geografía e Informática (INEGI). *Encuesta nacional sobre la dinámica de las relaciones en los hogares*. Consulta en http:/www.inegi.gob.mx en octubre de 2004.

Vida loca, fiesta y vanidad

En estos años he sido también testigo de incontables historias de éxito que enciende mi optimismo. Unas que pegaron fuerte en mi corazón son las que narraron algunos asistentes a la VIII Convención de Alcohólicos Anónimos en el estadio de béisbol Beto Ávila, el 16 de mayo del 2003 en Cancún.

Con lágrimas en los ojos escuché testimonios asombrosos, verdaderos milagros de recuperación de decenas de jóvenes que, gracias a AA, lograron salir del infierno de las drogas. Reproduzco en seguida un texto de Arturo Meza que puede ser representativo de estos testimonios:

En efecto, soy drogadicto porque a los catorce años ya estaba sembrada en mí la semilla de la tristeza. Había de compartir con todos. Si tenía más, era más. Si tenía menos, era menos. Si venía una moda, había que acatarla. La televisión nunca se cansó de decirme cómo debía ser y cómo no; cuándo sentirme triste…

Mientras comenzaba mi carrera alcohólica, la tele me invitaba a seguir con mi descanso feliz, las modas me sugerían pertenecer a algún grupo de iguales para ser *cool* o *rocker* o fresa o algo… porque se debe ser como muchos más ya son. Elegí, como todos a esa edad, al azar… Las revistas no se cansaban de darme consejos para crecer y ser mejor y ser amado y amar y visitar los mejores sitios y tener las mejores compañías…

Cuando se bombardea a los adolescentes invitándolos a gozar los placeres de las primeras veces, o a las mujeres cómo saber si sus maridos les son infieles o cómo acostarse en la cama para tener los orgasmos más escandalosos, es como dejar caer semillas en tierra fértil…

Y cuando se descubre en las fiestas y en los antros que una mujercita igual de confundida y mal manipulada, con aliento alcohólico, acerca sus labios y promete amores de película, el círculo se ha cerrado y ya no hay forma de salir de ahí… Ya estás dentro, ya eres parte de la fiesta, ya eres como los modelos que tanto te invitaron a ser, ya eres amado y amas y ya tuviste tus primeras veces y tus segundas y tus terceras y un día, uno muy triste por lo que ya conociste, alguien que ha descendido más a las profundidades donde los jóvenes espíritus se caen, te abre una puerta nueva.

Y ahí estás, fumando marihuana y… las sensaciones te engañan. Tus sentidos descubren puntos cardinales que eran simplemente inexistentes. Y ahí estás, en las calles consiguiendo aquella hierba… mientras, ocultas su humo de tus padres y maestros, pero no de tus amigos. Pero un día te aburre también o empieza a notarse su consumo y saltas a la cocaína; y durante años vives estimulado para vivir y nadie se da cuenta y los amigos llueven, las amigas granizan y tus papás están contentos porque el promedio de la escuela es aceptable.

Llegan las tachas, se ponen de moda. No haber probado una te convierte prácticamente en un apestado… Hasta que das con el crack o el LSD, el polvo de ángel o con la heroína; la vida, entonces, ya es una muerte que navega en suspenso…

Pero, en fin… Fue un infierno.

Hoy, a dos años de estar limpio y de andar buscando medios y formas de decirles a los padres que nunca piensen que a sus hijos no les va a pasar, y a los jóvenes a qué clase de mundo se enfrentarán, encuentro que cada vez crece más y más el número de adictos y más y más las facilidades para conseguir drogas; los lugares para drogarse, las manipulaciones subliminales y directas para hacerlo, y todo ya es sexo y vida loca, fiesta y vanidad, apariencia y anorexia, bulimia y drogas, mucho alcohol soledad y muerte…

La llamada guerra contra las drogas no es contra las drogas, es para sanar el espíritu humano; y si la droga nos lleva cantidades de "rounds" de ventaja, la perversión, la cultura del placer y el consumismo pues nos llevan siglos.

Y no me puedo extender más. Sólo doy una reflexión: no es contra los adversarios de carne y hueso contra los que hay que pelear, es contra los amos y señores de este mundo de tinieblas contra los que hay que combatir.[3]

Meses antes, en el "Encuentro Municipal para la Prevención y Tratamiento de las Adicciones", había tenido la oportunidad de acompañar a otros dos jóvenes, Luciano, drogadicto regenerado y Jaime, alcohólico redimido, a rezar la oración de *La Serenidad*, la plegaria emblema de las organizaciones encargadas de rehabilitar adictos. Los tres imploramos, desde el fondo de nuestros corazones:

Dios concédeme serenidad para aceptar lo que no puedo cambiar, valor para cambiar lo que sí puedo cambiar y sabiduría para reconocer la diferencia.

¿Qué habría sido de Luciano y de Jaime de no haber buscado ayuda o de no haberla encontrado? ¡Cuántos gritos de auxilio nunca serán escuchados! Pienso en la insensibilidad y la ignorancia que todavía existen en nuestro país en torno a las adicciones; en los centenares de vidas mexicanas que se rescatarían si esta situación cambiara.

Lienzos multicolores

En noviembre del 2003 en Tosepan, Cuetzalan, en el estado de Puebla, tuve una experiencia esperanzadora que habla de lo que está ocurriendo hoy en muchas comunidades indígenas. Un grupo de indígenas conformado por hombres, líderes de su comunidad, y mujeres empoderadas, formaron una cooperativa para fabricar productos textiles y organizar cursos de superación personal y me invitaron a visitarlos.

---

[3] Arturo Meza, *Todo para ellos*, Boletín informativo, diciembre de 2002.

Comí con estos emprendedores, hombres y mujeres conscientes de sus derechos y de su dignidad, y recorrí sus tierras. Observé cómo las cultivan. Me enteré que están acogidos a un programa de microcréditos que les permite utilizar semillas mejoradas y comprar equipo que facilita sus tareas. Me cautivó un telar que acababan de adquirir y los hermosísimos lienzos multicolores que producen y quieren exportar. Aún puedo oír la voz fuerte de una joven que al retirarme, dijo: "Marta, amiga, las mujeres indígenas también queremos que nos ayudes".

Los lienzos y las artesanías de estos indígenas de la sierra de Puebla competirán con lienzos y artesanías de todo el mundo. Para ser aceptados, deben tener la calidad, el precio y los diseños que el mercado exige y ser producidos en cantidades suficientes para responder a la demanda. La joven que se me acercó, conoce estos requisitos y sabe que su comunidad no tiene conocimientos suficientes para cumplirlos todos.

El apoyo que necesitan no es temporal. Es asesoría permanente en cada área problemática. Necesitaban fortalecer a los productores de pimienta y a las cooperativas de producción de café de la región; energía eléctrica para abastecer las instalaciones que han levantado; información oportuna acerca de las ferias que se organizarán para llevar sus productos.

Los atendí y coordiné con Xóchitl Gálvez Ruiz, directora de la Comisión Nacional para el Desarrollo de los Pueblos Indígenas, quien los introdujo a los programas del gobierno que pueden serles de utilidad, y a algunas asociaciones civiles que se dedican, precisamente, a brindar el tipo de ayuda que ellos solicitaban.

Ácido fólico

Consciente de la maravillosa oportunidad que me ha dado la vida de conocer a mi país desde mi papel de esposa del Presidente de México, durante estos tres años he actuado como puente y enlace entre secretarías de estado, fundaciones privadas y empresas y empresarios que con enorme generosidad han respondido al llamado, gestionando apoyos para proyectos de salud y educación que me han parecido urgentes.

Un proyecto que fructificó a partir de estas gestiones fue "Arranque parejo en la vida". Su objetivo es reducir los rezagos en la salud de las mujeres y los niños. Uno de los caminos es procurar ácido fólico a las madres durante el embarazo para evitar la discapacidad física y mental del hijo, y otro, vacunar a los niños contra el sarampión y el tétanos neonatal e informar a sus padres acerca del uso del suero oral para controlar las enfermedades diarreicas.

Otros dos proyectos que he impulsado con buen éxito son: "Ayúdame a llegar", que tiene como fin dotar de bicicletas a los niños y las niñas que caminan, diariamente, más de tres kilómetros para asistir a la escuela y un proyecto que consiste en habilitar autobuses como aulas provisionales, talleres de cómputo y anexos escolares para contribuir al fortalecimiento educativo de las zonas marginadas y de difícil acceso.

Un proyecto reciente concebido bajo el esquema de coparticipación que me congratulo de haber auspiciado, es "Sigamos aprendiendo en el hospital". Las secretarías de Educación y Salud, el Instituto Nacional para la Educación de Adultos (INEA) y un grupo de empresarios nacionalistas, se pusieron de acuerdo para adquirir equipos de cómputo y bibliotecas de aula y donarlos a los hospitales. La intención es que los niños internados por causa de algún padecimiento, continúen con sus estudios.

He hablado ya de la *Guía de Padres*, cuyo objeto es fomentar una relación más cercana de los padres con los hijos durante los años clave de la formación de los menores. Mencionaré, ya para terminar, a la Fundación Vamos México que se creó con miras a contribuir a la consolidación de una amplia red social en contra de la pobreza extrema. Nuestra Fundación ha otorgado donativos, en efectivo y en especie, a distintas organizaciones de la sociedad civil que se dedican al combate de las adicciones, a la prevención y cura del cáncer infantil, a atender a niños de la calle y niños quemados de escasos recursos económicos.

46 Cisternas en forma de pirámide

"Marta, amiga, las mujeres indígenas queremos que nos ayudes…" Muchos mexicanos y mexicanas me confieren, por el hecho de ser esposa del Presidente de México, la sensibilidad para comprender sus problemas y la capacidad de resolverlos. Por eso me abren su corazón con candor y sin reparos. Voces como la de esta mujer indígena de la sierra norte de Puebla, me conmueven y cuestionan.

Las vivencias de estos tres años han ocasionado que mi conciencia de los problemas nacionales se extienda; que hoy pueda percibir con mayor claridad la complejidad del tejido social, la correlación de fuerzas y los intereses encontrados que necesariamente operan en el país. Enfoques y creencias que consideraba inamovibles, se han ido transformando.

La realidad es áspera y compleja. Cada día nos muestra un nuevo recoveco. Los problemas que arroja son siempre producto de muchas causas no siempre identificables. Complica aún más las cosas el que, a menudo, al resolver un problema que te parece muy grave, se destapan otros que son hasta peores.

Como cuando se realizó un proyecto de captación de agua de lluvia en una población apartada y de pocos habitantes, en el estado de Hidalgo. El objetivo era evitarles a las mujeres la caminata obligada de cuatro horas diarias a buscar agua en el manantial más cercano. El resultado final no fue del todo exitoso, a pesar de que se cumplió el objetivo.

Los canalones que se colocaron alrededor de los techos de dos aguas de las casas de este pequeño poblado del estado de Hidalgo, hacían que éstas parecieran salidas de un cuento. Las cisternas, en forma de pirámide, tenían la capacidad suficiente para surtirle a la comunidad, en verano, agua en abundancia y, en invierno, agua suficiente para las necesidades básicas de sus habitantes. Sin embargo, a los dos o tres días de inauguradas, se suscitaron choques entre las parejas: los hombres estaban celosos de las horas "libres" que tenían sus mujeres para hacer "Dios sabe qué".

Vislumbré otro caso semejante cuando escuché a unas indígenas decir que no querían denunciar la violencia de sus maridos porque, si los encarcelaban, la economía familiar se iba a pique. Después de mucho trabajo y mucho esfuerzo, se modificó el Código penal, en Chiapas, aumentando el castigo para casos de violencia doméstica. Muchas mujeres indígenas de la zona no tienen autonomía económica y resultan también afectadas cuando la ley somete a sus maridos. Por eso prefieren no denunciarlos.

En estos tres años he mantenido firme mi convicción, en sintonía con el tema del Foro de Organizaciones No Gubernamentales de Huairou (China, 1995) y la IV Conferencia sobre la Mujer (Beijing, 1995), de que debemos mirar al mundo con ojos de mujer. Las consecuencias más inmediatas de hacerlo son unas estrategias de desarrollo inspiradas en valores que tradicionalmente se han considerado femeninos.

47

Estoy *consciente* de que hay quienes fruncen el ceño cuando escuchan hablar de valores femeninos. "¿Cómo que valores femeninos?", se preguntan. Quiero dejar establecido un argumento que sirve para justificar que se hable de valores femeninos: las mujeres dilatamos nuestras entrañas para dar cabida a otro ser, lo alimentamos y le permitimos que crezca dentro de nuestro cuerpo, ocupando el espacio necesario durante su proceso de maduración y luego lo ayudamos a que se independice.

Por una extrapolación de este vínculo primario, que podemos o no compartir, se dice que son conductas femeninas: el reconocimiento de la dignidad del otro, la generosidad, el compromiso, la búsqueda permanente de un diálogo íntimo, el apoyo a los seres más necesitados y el desprendimiento. O sea, lo opuesto a las relaciones explotadoras, el egocentrismo, la mezquindad, las conversaciones banales, el autoritarismo y el consumismo.

Hoy, actitudes que se califican de femeninas, son muy valoradas en los ámbitos educativo, empresarial, gubernamental y académico; que así sea responde a un anhelo generalizado de dejar atrás la inequidad y dar la bienvenida a la justicia y al desarrollo humano de todos.

Paralelamente, las mujeres hemos dejado de ser objeto y ahora somos sujeto de estudio. Esto habla del interés que nuestro despertar ha provocado. Estamos empezando a interpretarnos a nosotras mismas, no desde nuestro cuerpo-objetode-otros, como antes, sino desde nuestro cuerpo-sujeto, primer hogar de los seres humanos. Respetuoso, cálido, generoso, incluyente y acogedor, como el vientre materno, es como el deseo que sea el mundo en donde vivan mis hijos, mis nietos y mis nietas.

Las mujeres podemos poner nuestro granito de arena a que este deseo se haga realidad. Algunas maneras que tenemos de hacerlo son:

Ocupándonos de estudiar las causas de los problemas sociales y no sólo de remediar sus consecuencias.

Perfilándonos como líderes y no sólo como jefes.

Incorporando en nuestro trabajo fuera de casa, los principios y conductas que hemos ejercido dentro de ella durante muchos siglos.

Este planteamiento no es una locura o una utopía. Tampoco carece de fundamento. Algo que leí hace unos días es un síntoma de su viabilidad y muestra sus alcances: una firma europea acaba de anunciar la salida al mercado del primer automóvil diseñado sólo por mujeres, a partir de las necesidades de la mujer.

Pero no tenemos que ir tan lejos, en seguida, cuando me ocupo del bienestar, hablo de Victoria, una mujer que ha transformado su comunidad a partir de un liderazgo femenino, y, cuando hablo de la corresponsabilidad, de Arturo, un guerrerense que, valiéndose de prácticas de corte tradicionalmente femenino, ha hecho lo propio en la suya.

A lo largo de mis trajines he sostenido muchas conversaciones con los hombres y las mujeres de mi país. En estas conversaciones han aflorado, de manera recurrente, ciertas añoranzas que ahora distingo como cuatro principios universales, Dignidad, Bienestar, Corresponsabilidad y Libertad, que bien podrían iluminar los proyectos de desarrollo social que estén en búsqueda de un rostro humano.

Más adelante reviso estos cuatro principios con "ojos de mujer", inspirándome en las sugerencias de la IV Conferencia sobre la Mujer. Infinidad de libros de todos los niveles se han escrito acerca de cada uno de estos conceptos tan ricos. Si me aventuro a definirlos en unas cuantas frases, es porque considero indispensable que ustedes conozcan el sentido que les he dado en este libro, antes de relatar algunas historias de vida que los encarnan.

La **dignidad** tiene una historia muy larga. En algún momento la monopolizaron la nobleza y las altas jerarquías eclesiásticas. Hoy, es patrimonio de la humanidad. La dignidad es algo muy valioso; es casi sinónimo de ser humano. Por dignidad no admitimos ni servilismos ni sometimientos; tampoco nos rebajamos ante nadie. Por dignidad diseñamos nuestro estilo de vida y elegimos a nuestros gobernantes; buscamos nuestro desarrollo y el de nuestra familia y trabajamos con nuestros conciudadanos. Hay quienes han preferido morir antes que traicionar su dignidad.

Cuando la equidad, el reconocimiento a la diversidad étnica, el trato preferente a los grupos marginados y la libre manifestación de las expresiones culturales, están presentes en las políticas públicas y en los programas de desarrollo, el sentido de dignidad nacional florece. La dignidad se enraíza en una cultura compartida que se vive y manifiesta cotidianamente. Vivir con dignidad, en un país digno, es una añoranza profunda de los mexicanos.

El **bienestar** significa condiciones de ingreso, educación, salud, alimentación, empleo, vivienda y buena calidad de vida. Es interesante diferenciarlo del concepto desarrollo, que algunos economistas recientes vinculan a la realización personal y al ejercicio de nuestras capacidades.

El desarrollo personal depende de las posibilidades que se tienen de alcanzar el bienestar. Estas posibilidades no sólo están determinadas por el nivel de ingreso, sino también por características individuales como pueden ser el grado de nutrición o el tipo de carácter, y por el nivel de libertades que existen en el país. Sólo cuando todos estos factores se conjugan favorablemente, podemos expandir nuestras "libertades reales"[4] y desarrollar nuestros talentos, que es el fin último del bienestar.

El bienestar se relaciona con la felicidad: ésta se refiere a un estado interior de plenitud y aquel, a condiciones de vida externas. El bienestar de la población es el campo de batalla favorito de los partidos políticos: todos afirman tener la fórmula infalible para darle a la población más salud o para construir más escuelas y viviendas.

En estos últimos años se han incorporado a los índices que miden el grado de bienestar de las naciones, conceptos como desarrollo humano y ampliación de libertades. El bienestar y el desarrollo son viejas añoranzas de todos los mexicanos.

La **corresponsabilidad** es un concepto nuevo. Supone pactos de colaboración entre los gobiernos y las organizaciones ciudadanas, para llevar a cabo programas de desarrollo social. La experiencia muestra que los programas de desarrollo social sólo cumplen con su propósito si parten de necesidades que la comunidad misma identifica como tales, y se llevan a cabo con honestidad.

La corresponsabilidad supone revalorar a las personas y a sus relaciones y parte de un cambio de enfoque en el diseño de los programas sociales: la sustitución del asistencialismo por la colaboración.

Para que la corresponsabilidad se haga efectiva, hacen falta programas educativos que les permitan a los ciudadanos desarrollarse y nuevas fórmulas de vinculación entre los sectores sociales. La corresponsabilidad es una añoranza de los mexicanos, quienes han empezado a formar alianzas y a participar con el gobierno en el diseño y la puesta en marcha de los programas de bienestar social.

La **libertad**, a nivel individual, habla de actuar de una manera o de otra, sin restricciones internas o externas ni más límites que los derechos de los demás. Hay muchas clases de libertad, entre ellas la de conciencia que supone el derecho a pensar como se quiere.

La libertad es fuente de la creatividad, de diferentes expresiones artísticas y de la pluralidad. Ser libre es poder cambiar, es escoger el propio estilo de vida y traducir el tiempo en creación y en realización personal. La libertad debe acompañarse de responsabilidad y respeto.

50

---

[4] Amartya Sen en *Comercio Exterior. Revista de análisis económico y social*, febrero de 2005, vol. 55, núm. 2, México, p. 100.

La libertad, a nivel colectivo, es una exigencia social relativamente reciente. México, como país, es libre desde el primer tercio del siglo XIX. La libertad, como derecho de todos, se dio por esas mismas fechas con la abolición de la esclavitud. La libertad política está emparentada con la democracia, esa forma de organizar los intereses sociales y de tomar decisiones, basada en la construcción de mayorías. En un país libre se respeta la vida, el pensamiento y el trabajo de los demás. En un país demócrata, la ley reina.

Lo contrario a ser libre, es estar preso. Eri Helida,[5] interna del Reclusorio distrital de Teotitlán de Flores Magón, Oaxaca, describe así la privación de libertad:

> El aislamiento total respecto de mi familia y la sociedad.
>
> Puerta herméticamente soldada con un cerrojo que ni cincuenta hombres juntos podrían derribar.
>
> Es querer detener el tiempo que se me otorga para recibir a mi visita detrás de los barrotes.
>
> Es el terrible timbre para el pase de lista en el que se pierde la línea social, donde se mezclan ricos y pobres, ignorantes y letrados, inocentes y culpables.
>
> Es el lugar en donde las horas se hacen eternas, donde se conoce el miedo a la soledad, donde sólo se espera un milagro de Dios.

Desearía que la primera y la última, no lo fueran

Las cuatro historias de vida que relato enseguida, encarnan con enfoque de mujer la Dignidad, el Bienestar, la Corresponsabilidad y la Libertad. Cuando hablé del contacto con la gente, conté sólo historias que escuché de viva voz porque me pareció adecuado. Para hablar de estos principios, quiero aventurarme por un camino distinto.

Quiero historias contadas por sus propias protagonistas para trasmitirlas intactas: elijo dos que fueron trasmitidas por escrito.

Quiero historias que ilustren el interés que tienen las empresas internacionales en promover en México proyectos basados en la corresponsabilidad: elijo la de un guerrerense premiado por una de estas empresas.

Quiero historias que trasmitan el interés de la administración del Presidente Fox por llevar bienestar a las comunidades más necesitadas: elijo una historia recabada por la Secretaría de Desarrollo Social.

Estas cuatro historias tienen en común que son únicas: la vida de cada hombre y de cada mujer es irrepetible. Pero también tienen en común que son representativas de muchas otras historias de vida de hombres y mujeres mexicanos. Las

---

[5] En *Bajo condena: Literatura carcelaria.* México, DEMAC, 2002 (Eri Helida).

cuatro son historias reales, historias de verdad. Aunque desearía que la primera y la última, no lo fueran.

Dignidad

Diana Martínez Pérez: Dios me dio una esperanza de vida

El nacimiento de mi hija fue una experiencia asombrosa. El doctor me la entregó y la encontré perfecta. No hay palabras para describir mi alegría. Vi a mi madre y a mi tía en la esquina del cuarto del hospital, mirándome con pena y desesperación. Me imagino lo difícil que debe de haber sido para ellas ver dar a luz a una niña de 12 años. Después me dijeron que nos presentaríamos como hermanas para evitar las críticas vergonzosas. Por respeto a mi familia, acaté la orden.

Me hallaba en el baño de la escuela cuando un extraño me violó. Yo tenía 11 años. No recuerdo el ataque. Sé que no me gustó pero no pude detenerlo. Traté de gritar y correr. Fue inútil. Cerré fuertemente los ojos. Permanecí en el baño el resto del día sintiéndome sucia, usada, confundida. No se lo conté a nadie. Mi familia no me iba a creer pues tenemos otra moral. Tampoco sabía describirlo. Pasaron meses antes de que entendiera que me habían violado.

No tenía idea de que podía quedar embarazada. En los meses que siguieron, mis senos crecieron y se me ancharon las caderas. Pensé que me estaba desarrollando, como mis amigas. Cinco meses más tarde, sentí que algo se movía en mi vientre. Asustada, se lo dije a mis padres y me llevaron al médico.

En tono colérico, el doctor me preguntó que si tenía novio. Me marché perpleja. Pensé que había hecho algo malo pero no sabía qué: "¿Qué está sucediendo?" Me callaron y nunca volví a preguntar. Creo que me di cuenta de lo que ocurría cuando, en el consultorio del siguiente médico al que me llevaron, vi fotos de bebés en las paredes.

Mi barriga creció y creció. Dejé de ir a la escuela. La extrañaba. Pero entendía que mi embarazo tenía que ser un secreto. Mis padres me escondieron en casa. A mis hermanos les dijeron que íbamos a adoptar un bebé. Creyeron que yo estaba engordando. Supe que a mi hijo lo crearían como hijo de mi madre.

A pesar de todo, fue una experiencia hermosa. Según me crecía el vientre, admiraba lo que estaba ocurriendo en mi cuerpo. Me sentía hermosa porque algo asombroso estaba creciendo dentro de mí. Un día mi madre me llevó al hospital. Creí que íbamos a una consulta de rutina pero di a luz a mi bebé. La fuente se me había roto la noche anterior, pero yo no sabía que estaba de parto. No recuerdo haber sufrido dolor alguno. Mi bebé era linda. ¡Perfecta! Instintivamente le conté los dedos de manos y pies, y en el acto hice una conexión con ella. Ella [la madre de Diana] la nombró Paola y me dijo: olvida todo esto y vive tu vida.

Pero yo amaba a mi hija y la monopolizaba. No le daba a nadie la oportunidad de crear una relación maternal con ella. Me ausenté de la escuela los seis primeros meses de su vida para estar a su lado. A pesar de que yo era pequeña, sabía la responsabilidad y el amor de madre que yo tenía que ofrecer a mi hija. Para todo el mundo, ella era mi hermana. Pero yo siempre traté a Paola como mi hija.

Cumplí 18 años y mi hija entró a primer grado de primaria. Quería sacarla adelante sola pues mi madre la estaba criando a su manera y era mi hija, no de ella. Mi padre sufría un trastorno de estrés postraumático, que cada vez lo ponía más paranoico. Creía que todos conspiraban para matarlo y yo llegué a temer por la seguridad de mi hija. Cuando recibí mi credencial de elector, decidí marcharme.

Temí que me acusaran de secuestro. Pero allí estaba mi nombre en blanco y negro. ¡Yo era su madre! Le había robado dinero a mi padre y las llaves de su auto. Llegué a la escuela a medio día. La maestra me dijo que Paola no podía ir conmigo. ¡Soy su madre y me la llevo! Era la primera vez que pronunciaba estas palabras.

Nos fuimos a un departamento en el Distrito. La estoy sacando adelante con mi trabajo. Sigo estudiando y me siento feliz pues ella sabe que yo soy su madre. Los fines de semana vamos a ver a mis padres. Los quiere como sus padres pero sabe que son sus abuelos. Es un orgullo que me diga "mamá". Es el tesoro más grande que la vida me ha dado.

Algunas veces ella pregunta por su padre. Le contesto que él murió en un accidente pues no quiero que se sienta mal. Sé que algún día conocerá la verdad y sabrá que peleé con todas mis fuerzas para que estuviera conmigo pues la amo con todas mis fuerzas.

Dios me dio una esperanza de vida.[6]

53

El principio de la dignidad universal, no siempre se refleja en la práctica. Aún hay padres que tratan a sus hijos de manera irrespetuosa, lo que ocasiona que estos crezcan en el temor y la inseguridad. Aún hay maestros que no valoran a sus alumnos y cometen toda suerte de atropellos en su contra perdiendo su confianza.

Sólo así se explica que la madre de Diana le diga, "olvida todo esto y vive tu vida" cuando "todo esto" es un parto a los 12 años de edad. Sólo así me explico que Diana se quede encerrada en aquel cuarto tras el ataque, en vez de ir a pedir ayuda a sus maestras. Algunas preguntas que me asaltan al conocer esta historia son: ¿cómo puede ocurrir una violación en el baño de una escuela sin que nadie se entere? ¿Dónde estaban las maestras? ¿Por qué no registraron la ausencia de la niña?

Los mexicanos y las mexicanas desean vivir en condiciones y en espacios de dignidad. Me lo han dicho de mil maneras cuando he platicado con ellos. Quieren escuelas seguras para sus hijos e hijas y mejores condiciones de vida para sus familias. En los últimos cuatro años, la pobreza extrema ha disminuido consi-

[6] Diana Martínez Pérez, *Una esperanza de vida*. Texto participante en el certamen: "Para jóvenes bachilleres que se atreven a contar su historia", realizado por DEMAC y la Fundación ESRU.

derablemente en nuestro país. Sin embargo, muchas personas, la mayoría mujeres, viven todavía en condiciones miserables.

Con este señalamiento hay quienes pensarán que quiero llevar agua al molino de género. Pero son los hechos los que hablan y no yo: con sólo 18 años de edad, Diana tiene la responsabilidad total de una hija producto de un embarazo forzado. Aunque hasta hoy ha salido adelante, no va a ser fácil que ella siga estudiando: además de tener que trabajar para mantener a la niña, necesita tiempo y energía para educarla.

Sería de justicia que las políticas públicas y los programas de desarrollo social, dedicaran una parte sustancial de su atención y recursos, a problemas femeninos como pueden ser los embarazos infantiles. La sociedad le debe a esta joven una ayuda en la crianza de su criatura.

Sería también de justicia que las mujeres, jefas de familia, recibieran un apoyo especial vía capacitación nutricional, programas de desarrollo humano, ayuda emocional en momentos de crisis, servicios médicos, escuelas y guarderías accesibles. El crecimiento de México se aceleraría con ciudadanos más sanos física y emocionalmente, lo que no deja de ser una atractiva ventaja colateral de esta estrategia.[7]

Doce millones de mujeres mexicanas trabajan y además realizan quehaceres domésticos sin ayuda alguna.

Ochocientas mil mujeres mexicanas trabajan, realizan quehaceres domésticos y además estudian: dobles y triples cargas de trabajo con ingresos no proporcionales.

Mientras que en los últimos treinta años la participación de los hombres en el mercado de trabajo se ha duplicado, la de las mujeres se ha triplicado.[8] Sin embargo, nuestro acceso a la seguridad social no ha crecido en la misma proporción. ¿A qué tipo de espacios laborales estamos accediendo? La dignidad no puede germinar en estas condiciones.

Durante siete años, Diana soportó a un padre violento y a una madre irrespetuosa que quería criar a su nieta "a su manera". Era el precio que la joven pagaba por la comida, la salud y la educación que tenía en casa de sus padres. Cuando el estado la reconoció como ciudadana y le dio una credencial de elector, ella pudo decir: "Soy su madre y me la llevo".

54

---

[7] Discurso en la inauguración del Foro Trabajadora Siglo XXI, 17 de septiembre de 2001.

[8] Instituto Nacional de Estadística, Geografía e Informática (INEGI), *Encuesta nacional de empleo, 2003* (versión en Excel). Consulta en http//www.gob.mx en noviembre del 2004.

Los grupos étnicos minoritarios, mazahuas, otomíes, tzeltales, tzotziles, tojolabales, choles y mames, entre otros, tampoco viven en condiciones de dignidad. Para que esta situación cambie, no basta con saber que existen *ellas y ellos* porque, alguna vez, alguien nos dijo que a ese grupo étnico pertenecía aquella madre-niña que acostumbra sentarse, rodeada de hijos, en la esquina de nuestra oficina, o aquel muchacho que toca un instrumento extraño.

No basta con tolerar a estos hombres y mujeres.

No basta con prescindir de verbalizaciones o prácticas racistas que es sólo la conducta esperada de un habitante cualquiera del siglo XXI.

Únicamente identificando la dosis de racismo que llevamos dentro, lo erradicaremos de nuestro país. ¿Cuántas veces al día utilizamos de manera peyorativa términos que definen a determinados grupos raciales, por ejemplo?

Únicamente desmenuzando frases trilladas como "una de nuestras grandes fortalezas es la diversidad étnica" o "una de las grandes flaquezas de la sociedad mexicana es su desconocimiento de dicha diversidad", sabremos qué significan, cómo afectan nuestra cotidianidad y decisiones.

La comprensión de los grupos indígenas a partir de su cosmogonía, del significado de sus ropas, de los colores que prefieren, de la relación que tienen con sus hijos e hijas, de lo que comen o no comen por las mañanas o por las noches, nutre nuestro sentido de dignidad como nación.

La dignidad tiene también mucho qué hacer en la población de los adultos mayores. ¿Qué sería de los niños sin la calidez y la sabiduría de las abuelas que suplen a las madres que trabajan? ¿Qué futuro les esperaría si crecieran en el abandono emocional?

Los adultos mayores han recibido mayor atención por parte del estado en los últimos años. Hoy los adultos mayores cuentan con numerosos programas de esparcimiento y educación diseñados específicamente para ellos; también pueden disfrutar de viajes organizados a todo el mundo a precios accesibles. Pero esto no quiere decir que la sociedad honre a sus viejos –¿por qué le tenemos tanto miedo a esta palabra? Antes, los viejos eran venerados por su sabiduría y respetados por su trayectoria; sus historias eran escuchadas con interés y tenían el sitio de honor en sus comunidades. Hoy, a muchos se les trata como si fueran un estorbo social y se les tienen pocas consideraciones.

¿Cómo rescatar algunas de estas viejas prácticas que hacían la vida más amable y humana? ¿Cómo crear una conciencia nacional acerca de la vejez, una etapa de la vida de la que sólo escapan quienes mueren jóvenes?

Aún quedan vestigios de lo que ocurría en México en épocas menos deshumanizadas y las respuestas deben buscarse ahí. En la historia de Diana encontramos uno de ellos: la familia extensa. A pesar de haberse debilitado, la familia extensa conserva buena parte de su vigor: Diana sale de casa de sus padres y logra su autosuficiencia. Aún así, va a visitarlos cada semana con Paola, su hija, que los quiere como a sus padres "aunque sabe que son sus abuelos".

Todos los grupos humanos que, por sus características físicas, mentales, sociales, económicas o de preferencias sexuales, pueden ser considerados vulnerables o marginados, requieren de un apoyo especial para ejercer sus derechos y deben recibir un trato social preferencial.

Una vez visité una empresa

Yo asocio la dignidad hacia los grupos vulnerables con la compasión, el respeto y las políticas públicas. La compasión porque habla de humanidad compartida y de dolerme con el otro; no de lástima o de pena, como a veces se interpreta. La compasión parte de la empatía con el sufrimiento del otro, pero no se queda ahí. Sigue caminando hasta encontrarle soluciones. A la dignidad asocio también el respeto a los grupos vulnerables porque el respeto supone atender las necesidades de mis semejantes, a partir de lo que ellos quieren y no de las soluciones que a mí me parecen mejores.

Cuando Diana da a luz, su madre la mira con pena y desesperación. ¿Qué habría pasado si la hubiera mirado con respeto y compasión? Quizá no se habría atrevido a ponerle nombre a la recién nacida sin consultárselo a la madre.

Educar en la compasión y el respeto es tarea de los padres y de los maestros. Se trata, en realidad, de un proceso a largo plazo que debe irse construyendo cada día. Un buen comienzo es eliminar la burla y la ridiculización de nuestro repertorio y la imposición autoritaria de nuestras creencias o deseos.

Una vez visité una empresa que incorpora a sus procesos productivos, a hombres y mujeres con parálisis cerebral. La actitud respetuosa y compasiva de la gerencia es ejemplar. Antes de echar a andar el proyecto, se informó de las necesidades específicas de las personas con parálisis cerebral. Luego acondicionó las instalaciones para facilitarles el acceso a la planta y diseñó programas especiales de capacitación para ellas.

Cuando esta empresa contrata a una persona que padece parálisis cerebral, la introduce al personal que ha sido previamente capacitado para proporcionarle la ayuda que requiere. La iniciativa no sólo es exitosa humanamente; tiene excelentes perspectivas de ampliación por sus resultados económicos.

La cultura es indispensable para crear espacios de dignidad

El fortalecimiento de la cultura es indispensable para crear espacios de dignidad. Los programas de salud, vivienda o empleo se ocupan de las necesidades más apremiantes de los ciudadanos; la cultura se dirige a su fortalecimiento como sujetos sociales. La cultura en sus diferentes manifestaciones promueve que los hombres y las mujeres reflexionen sobre sus vidas y se afirmen como seres humanos, fortaleciendo así la dignidad del tejido el tejido social.

"El nacimiento de mi hija fue una de las experiencias más asombrosas de mi vida", dice Diana. Lo que no sería nada extraordinario si no fuera porque ocurrió cuando ella tenía doce años de edad. No menos extraordinarios son la dignidad y frescura conque esta joven vive los cambios de su cuerpo durante el embarazo, y la espontaneidad y el amor con que recibe a su hija.

Cada acto de la vida de Diana, es delicado. Cuando Paola, su hija, le pregunta por su padre, no le responde a partir del despecho, como posiblemente lo habrían hecho otras mujeres en sus circunstancias. Ella le da una respuesta amorosa para no lastimarla. Después añade que más adelante le dirá la verdad: tiene que saber que "yo peleé con todas mis fuerzas para que estuviera conmigo pues la amo con todas mis fuerzas".

Lo primero que me vino a la cabeza cuando escuché la historia de Diana, fue dignidad. Es difícil que haya una mejor manera de definir la palabra dignidad que siguiendo los pasos de esta jovencita. Mi deseo ferviente es que ella pueda tener las oportunidades para alcanzar su bienestar y afirmarse en su cultura para perseverar en ese camino.

Bienestar

Victoria

Los pies de Victoria se desplazan con agilidad por el patio de la casa, un terreno al aire libre sembrado con plantas y flores. Victoria no usa zapatos cuando anda por este solar que, a pesar del calor de verano, es fresco debido a los naranjos y limoneros y una palma de coco que lo protegen del sol. Las sandalias de plástico transparente son para la calle, cuando, en su papel de vigilante comunitaria, asiste a las oficinas del gobierno a cerciorarse de que los apoyos económicos lleguen puntualmente a las familias más necesitadas y no caigan en "manos corrompidas".

Proveniente del Estado de México, llegó hace 28 años a la colonia El Rocío, en Yautepec, Morelos, estrenando marido y las esperanzas puestas en crecer una familia. El Rocío era entonces un cerro pelón, sin servicios, sin pavimento y sin drenaje. Había sólo unas cuantas casas de cartón diseminadas entre los árboles. Cuando

Victoria se dio cuenta de todo lo que podía adquirir en la tienda local de Diconsa, se entusiasmó. Se entusiasmó aún más cuando, poco después, le propusieron encabezar el Comité Comunitario de Abasto. Robándole tiempo a sus tareas domésticas, se encargó de vigilar, de manera honoraria, la entrega de mercancía, el registro de los inventarios y las cuentas.

Paredes de carrizo y tierra apisonada

Cuando nacieron sus hijos, enfrentó la necesidad de enviarlos a la única escuela que había entonces en El Rocío: un bodegón con paredes de carrizo y tierra apisonada, donde los niños y las niñas, apenas cabían. Organizó, con su marido Graciano, a los padres de familia. Todos juntos, desyerbaron el solar, movieron piedras y construyeron bancas de madera. Victoria respiró tranquila y, animada, aceptó ser vocal de la junta de familia en la Comisión Nacional de Fomento a la Educación.

Después, ya no hubo quien la detuviera. Aprendió cómo funcionan los mecanismos oficiales de apoyo económico, motivó a los vecinos, las mujeres sobre todo, a participar en los programas de abasto, educación, salud y financiamiento que se les ofrecen; apoya cursos de alfabetización e industrialización de productos lácteos y vigila siempre para que los líderes "no se aprovechen de la necesidad de los otros."

Ha habido de todo

La escuela de El Rocío es hoy una construcción de ladrillo, pintada, con puertas y ventanas; un patio grande sembrado de árboles frutales. La casa de Victoria, construida en el terreno familiar, cuenta con dormitorio, cocina y testero. Sus dos hijas, un yerno y tres nietos, viven también ahí.

Las mujeres de El Rocío son muy activas. Cuando se trata de participar, acuden prontas al llamado de Victoria. Beneficiarias del Programa Oportunidades, reciben una beca de 310 pesos mensuales; van a revisiones médicas, atienden el comedor comunitario y ven que sus hijos vayan a la escuela, si no la pierden.

Rumores, presiones familiares, historias de falsas promesas, ha habido de todo. La hija de Victoria recuerda que, cuando su madre viajaba a Cuernavaca en compañía de un vecino, a hacer los trámites de algún programa, "la gente empezó a decir cosas y una señora le echó habladas que dizque andaba con su esposo".

Vigilante comunitaria

Hasta la casa de Victoria llega gente en busca de orientación. Saben que trabaja al margen de partidos políticos y "grupos caciquiles". Ella los recibe siempre porque sabe que necesita de todos. Haciendo un recuento se da cuenta que empezó como interesada en los programas federales de apoyo a las familias, luego fue beneficiaria y después promotora de su comunidad.

En 2002 fue nombrada vigilante comunitaria y, al año siguiente, presidenta del Comité Comunitario para la Plaza Pública: "Las mujeres no debemos tener miedo. Hay que tener fuerza de voluntad. Mi conciencia está tranquila y la obra hecha. Con eso me basta… por ahora." Sonríe, como si estuviera pensando en los programas que están por venir y en los beneficios que pueden acarrearle a El Rocío, y a sus pies descalzos, gorditos, llenos de tierra.[9]

La pobreza tiene muchos rostros: es María Marcelina, de Motul, Yucatán, que tiene una sola vela en su casa y sólo la enciende cuando el padre llega por las noches. Es Lunita, de León, Guanajuato, que cuando tenía 6 años de edad, su madre, que la amamantaba todavía, murió de cáncer; ella y sus 4 hermanos tuvieron que "vagar" por las calles muchos meses porque nadie quería recogerlos.

La pobreza es Juan de 74 años, de San Juan del Río, cuadriplégico a raíz de un accidente. Vive en el Distrito Federal, en una planta alta, tumbado en una cama, dependiendo de la caridad de los vecinos porque no tiene familia. Es también Ramón, Pedro, Cristina y Juana, cada uno con sus propias historias y sus propios rostros.

La pobreza era Victoria antes de echarse a andar, con sus sandalias de plástico transparente, para evitar que las "manos corrompidas" impidieran que la ayuda llegara a las familias más necesitadas; antes de que empezara a organizar a sus vecinos; antes de que se atreviera a romper cánones, yendo y viniendo a Cuernavaca a realizar gestiones engorrosas.

Victoria logró expandir sus libertades reales y generar bienestar para ella y su comunidad, valiéndose de sus habilidades políticas natas y aprovechando, al máximo, programas oficiales de desarrollo que no siempre caen en tierra tan fértil como en este caso y se dilapidan.

Hay hombres y mujeres, como el joven guerrerense que elegí para ilustrar la corresponsabilidad, que logran generar bienestar social y ampliar sus espacios de libertad, no a partir de programas oficiales, como lo hace Victoria, sino estableciendo alianzas y buscando apoyos con instituciones no necesariamente gubernamentales. Ambos tienen en común que tomaron una decisión de vida: dedicarse a promover el bienestar de sus comunidades.

Los recursos económicos, la riqueza, son una herramienta indispensable para erradicar la pobreza; pero no bastan. Hacen falta manos como las de Victoria para que lleguen intactos a destinatarios; para que se traduzcan en mejores escuelas, en programas de desarrollo y en mayores espacios de libertad para los ciudadanos. Hacen falta hombres y mujeres con el carácter y el dinamismo de esta mujer, para mover comunidades y potenciar recursos públicos o privados.

[9] Victoria, *Vigilante ciudadana*, en *Historias de mujeres, historias de libertad*, México, Secretaría de Desarrollo Social/Contigo es Posible, 2004, pp. 40-45 (versión editada por razones de espacio).

A nivel personal ocurre algo parecido. No siempre los ingresos se traducen en una vida mejor: una desnutrición que viene de la infancia, dificultades para llegar a los centros de salud o de estudio por vivir en lugares apartados, un carácter apático o la inestabilidad emocional, pueden impedirlo.

Un obstáculo para que los recursos económicos se conviertan en bienestar, es la corrupción. Abundan los "funcionarios venales", como dice Victoria. Únicamente vigilantes comunitarias a prueba de sobornos, como ella, son capaces de neutralizar a estas personas. Instancias en la línea de los Comités Comunitarios de Abasto que abundan en la historia, son indispensables para controlar la llegada y la distribución de la ayuda, económica o en especie, oficial o privada, que llega a las comunidades.

La búsqueda de bienestar es un motor poderoso. El enorme potencial interno de Victoria se disparó cuando descubrió que había una tienda bien surtida que estaba a su alcance; empezó a desarrollarse cuando organizó a los padres de familia para mejorar la escuela y se afirmó al constatar que ella podía cambiar las cosas y convertirse en una aliada del bienestar. Pero necesarísimas como son sin duda este tipo de actividades, no son las únicas que pueden contribuir a erradicar la pobreza.

El trabajo empresarial es otra manera de hacerlo. El potencial de los hombres y mujeres aptos para realizar este tipo de actividad, se despierta cuando descubren una veta para hacer un negocio y se pone en juego cuando hacen uso de sus talentos para construir empresas o comercios que generan empleos y dinamizan la economía. Emprender es hacer que las cosas sucedan; es arriesgarse; es tener la voluntad de modificar la realidad en el sentido que se quiere.

Las empresas generan riqueza económica, capacitan a los trabajadores y producen los satisfactores que el país requiere para crecer. Las pequeñas y medianas empresas, pivotes del desarrollo, son numerosísimas. Su aportación a la generación de empleos es fundamental para el desarrollo y deben tener las condiciones que requieren para florecer.

Aliados del bienestar

Una de las herramientas más eficaces para poder convertirnos en aliados de la generación de bienestar, es la educación.

México tiene actualmente más de cinco millones de becarios y está llevando a cabo programas educativos a todos niveles, con variantes acordes a las regiones. Algunas becas, como las del Programa Oportunidades están condicionadas a que las becarias asistan a revisiones médicas, se ocupen del comedor comunitario, lleven a sus hijos, no falten a la escuela y se alfabeticen. Así tienen un efecto multiplicador.

Un indicio de la relación que existe entre educación y bienestar es que las entidades que registran el mayor índice de alfabetización, Baja California, Distrito Federal y Nuevo León, entre ellas, son también algunos de los estados más industrializados del país; mientras que los estados que registran un menor índice de alfabetización: Chiapas, Guerrero, Hidalgo, Oaxaca y Veracruz, son los estados tradicionalmente rurales.[10]

Me maravillo cuando veo las posibilidades educativas que abren los avances tecnológicos. La Internet, la televisión vía satélite, ¿quién las habría imaginado hace algunas décadas? Me congratulo cada vez que pongo al alcance de algún niño o de alguna niña, de algún joven o alguna joven, una computadora porque sé que le dará acceso fácil a la información.

A pesar de que se han hecho esfuerzos por dotar de equipos de cómputo a los centros educativos, no todas las escuelas y sólo el 10.45 por ciento de los hogares mexicanos cuentan con uno. Como mamá que soy, me interesa que, paralelamente a hacer accesibles estos equipos a todos a los niños, se diseñen programas educativos dirigidos a los padres de familia y a los maestros para que los orienten en su buen uso.

Ingredientes del bienestar

Dos ingredientes esenciales del bienestar son la salud y la vivienda. A nadie escapa la necesidad que hay en México de mejorar los servicios de salud y de construir viviendas; de hecho en este gobierno se han dado avances importantes en cada uno de estos sectores. No es mi intención abordarlos aquí, sólo trasmitiré algunas de mis preocupaciones.

Es imposible sentirnos bien cuando alguien que amamos ha caído en las garras de las adicciones. Los padres de familia podemos hacer mucho para prevenir que el alcohol o las drogas esclavicen a nuestros hijos fomentando la comunicación y acudiendo a las organizaciones gubernamentales o civiles que se ocupan de estos problemas, y participar en alguno de sus programas informativos.

La donación de órganos es una opción de vida para miles de personas. Unirnos a este esfuerzo, si nuestra conciencia y creencias nos lo permiten, es casi una obligación. Si tenemos objeciones morales, es hasta un deber informarnos acerca de las implicaciones de este programa.

Considero necesario que, además de responder a las necesidades de la población con relación a la vivienda, como de hecho ha ocurrido en esta administración, se escuche a quienes van a habitarlas. Con frecuencia, su diseño y construcción par-

[10] Censo General de Población y Vivienda, 2000. Base de datos de la muestra censal.

ten de premisas estereotipadas, que poco o nada tienen que ver con los patrones culturales de los futuros propietarios.

La familia

En México existen casi 23 millones de hogares y, de estos, 21 millones son hogares familiares y los 2 restantes, alrededor del 8 por ciento, son hogares unipersonales.

Este 8 por ciento cobra sentido cuando lo contrastamos con el 60 por ciento de los hogares europeos que son unipersonales. En México, la familia sigue siendo la principal célula social y por eso debe ser la principal destinataria de los servicios de salud, educación, vivienda y alimentación. La responsabilidad de las madres mexicanas es tan legendaria como su dedicación al hogar. Los programas educativos, los servicios de salud y las campañas nutricionales, deben de tomar esto muy en cuenta.

En los últimos años, las familias mexicanas, sobre todo en las zonas urbanas, se han transformado. La evolución de las mujeres, la migración y la situación económica han ocasionado que, en un buen número, estén hoy encabezadas sólo por el padre o, con mayor frecuencia, sólo por la madre. Si antes eran la viudez, el abandono y la procreación fuera del matrimonio las causantes de que esto ocurriera, hoy el divorcio tiende a ocupar el primer lugar.

Las familias integradas por personas sin vínculos consanguíneos o por personas del mismo sexo son hoy una realidad así como también aquéllas integradas únicamente por niños, como el caso de niños que viven en la calle. Un fenómeno reciente son los niños y jóvenes que tienen más de una familia porque sus padres se han separado y han formado, cada uno, una nueva familia.

Hay quienes aceptan los cambios de buena gana y hay quienes se alarman. A éstos les preocupa también la mayor autonomía que hoy tiene cada miembro de la familia y la disminución del autoritarismo tradicional del padre. Para estas personas los cambios equivalen a pérdida de valores y a riesgos para la salud física, emocional y psicológica de los niños. Por eso los debates abiertos acerca del tema deben ser estimulados. Pero mientras las cosas no cambien, las políticas públicas y las estrategias de bienestar deben asumir todos estos nuevos rostros de la familia mexicana.

Otra tarea importante para que la vida familiar sea una fuente de bienestar para los mexicanos, es luchar para que se elimine de su seno el autoritarismo y la violencia. Los datos son elocuentes: aunque el artículo 4º de nuestra Constitución establece que: "El varón y la mujer son iguales ante la ley y ésta protegerá la organización y el desarrollo de la familia", cerca de 10 millones de mujeres han padecido, al menos, un incidente de violencia en el hogar.

La incorporación de muchas mujeres al mundo del trabajo remunerado, un mayor nivel educativo en la población femenina, la baja en la tasa de fecundidad y el aumento en la esperanza de vida, son algunos factores que pueden contribuir a que la violencia intrafamiliar disminuya.

Pero, para que así sea, las mujeres cabezas de familia no deben de tener dobles o triples jornadas de trabajo sin recibir ayuda o una justa remuneración. Junto con campañas de concientización que le den la puntilla al atavismo "me pega porque me quiere", que lleva demasiado tiempo agonizando, y los foros de estudio en torno a la violencia masculina, debe de hacerse efectivo el principio "a trabajo igual, salario igual".

Cruzada por el desarrollo

Si a medida que iba escuchando la historia de Diana, veía cómo la dignidad se personificaba, al ver a Victoria exprimir los beneficios de los programas sociales gubernamentales, organizar a los padres de familia para rehabilitar la escuela de sus hijos, promover la participación comunitaria y desarrollar, al mismo tiempo, sus dotes de líder política apartidista, no pude sino pensar en el bienestar y el desarrollo.

Historias como la de Victoria, nos invitan a todos a colaborar, desde el lugar donde estemos, a promover el bienestar de nuestras familias y comunidades. Parece que un requisito para poder hacerlo, es conocernos, saber para qué somos buenos o buenas, qué es lo que hacemos mejor. La lucha contra la pobreza podría convertirse en una cruzada nacional si todos y todas actuáramos de esa manera.

Corresponsabilidad

Arturo García Jiménez

Por muchos años, A., una comunidad del estado de Guerrero, ha sido el epicentro de una violenta batalla de campesinos pobres que luchan en contra de una minoría que controla la producción, distribución y comercialización en la zona.

Arturo García Jiménez nació allí, el décimo de una familia de 13 hermanos, hijo de un campesino pobre. Gracias a su origen y al entorno en que creció, tiene un panorama claro de la lucha de los campesinos y de sus estrategias fallidas. Su compromiso con la ayuda a los suyos y su indudable talento como líder, pronto se demostraron: en preparatoria llevó a 15 amigos a las áreas rurales para ayudar a establecer cooperativas en Puebla, Tlaxcala y Morelos.

Arturo nunca ha dejado de trabajar en fábricas; ha organizado apoyos para trabajadores en paro; echó a andar una oficina de apoyo con sus amigos y se fue a la Costa Chica de Guerrero para hacer realidad un nuevo modelo de organización campesino: Red de Agricultores Sustentables Autogestivos, S.C.

Red de Agricultores Sustentables Autogestivos, S.C.

Conocida entre sus miembros como RASA, consiste en una red de cooperativas que se apoyan mutuamente. Busca crear, con los pobladores de zonas rurales, "modelos de desarrollo sustentables autogestivos", adecuados a cada realidad y basados en componentes clave: conservación de suelos y agua, producción para el autoconsumo, construcción de mercados directos, mecanismos de autofinanciamiento y métodos para generar valor agregado a los productos.

García Jiménez diseñó este sistema para que los propios participantes puedan manejarlo y extenderlo a sus vecinos. Algunos campesinos de las cooperativas más exitosas, viajan a otros lugares para compartir sus experiencias. Actualmente, RASA trabaja directamente con 550 pequeños productores agrícolas (de café, frutales, granos básicos, etcétera) y beneficia alrededor de 6 mil familias.

El modelo innovador de financiamiento

La estrategia de RASA consiste en fincar la generación de recursos en la disponibilidad de los beneficiarios y no únicamente en ingresos externos, los cuales deben utilizarse para desarrollar negocios sostenibles autogestivos y para formar alianzas.

RASA cuenta actualmente con diversas fuentes de ingreso que incluyen la comercialización directa de productos en México y en Estados Unidos, el acceso al financiamiento gubernamental y a fondos internacionales y la venta de productos y servicios a precios accesibles a las familias. En este último caso, se está desarrollando un proyecto de sistemas de riego para que los pequeños productores tengan acceso a los mismos precios por hectárea que los grandes productores. En los últimos tres años han captado más de 8 millones de pesos y se espera que, para los próximos 12 meses, la cifra ascienda a más de 30 millones.

Arturo García Jiménez creció en medio de la injusticia, la violencia y la desigualdad. Ha tenido que lidiar con la amargura, la desconfianza y el miedo y, aun así, ha logrado organizar a muchos campesinos de su estado. Está poniendo todo su esfuerzo para que la red se expanda al país entero. Su deseo es lograr una sociedad más justa en la que los campesinos, su gente, tengan el lugar que les corresponde como base de la sociedad a la que pertenecen.[11]

---

[11] "Premio UBS al Emprendedor Social, en colaboración con la Organización Internacional Ashoka", en *Visionarios*, México, 2004, pp. 8-9. Arturo García Jiménez, finalista.

La generosidad se aprende. Los niños no comparten sus dulces o juguetes espontáneamente. Los padres somos los responsables de explicarles que compartir es mejor para todos: se divertirán más si juegan con sus amiguitos que si juegan solos. Pero también debemos enseñarles que para ser generosos con los demás, tienen primero que aprender a ser generosos con ellos mismos.

¿Cómo enseñarles a nuestros hijos a ser generosos y a tener una actitud desprendida ante la vida? A través del ejemplo, sobre todo. El pueblo de México es naturalmente generoso; no vacila en compartir sus cosas cuando es testigo del dolor del otro. Arturo García Jiménez es una buena muestra.

Da siempre lo mejor de sí

Arturo García Jiménez da siempre lo mejor de sí. Se entrega con el corazón al promover alianzas estratégicas entre varias empresas para mejorar las condiciones de vida de sus conciudadanos. Los dos motores que lo mueven son la generosidad y la confianza.

Este joven guerrerense promueve el desarrollo de su propia comunidad y el de otras comunidades a partir de la solidaridad y un compromiso personal, cercano y permanente, con los integrantes de estas comunidades. Por eso es generoso y no caritativo. La caridad implica dádivas muchas veces anónimas. La caridad puede prescindir del contacto humano con quien la recibe. La generosidad exige el contacto con el otro y un interés por él a largo plazo.

65

Siempre en colaboración, nunca en aislamiento

Arturo García Jiménez tiene confianza en sus compañeros de trabajo y tiene confianza en su país. Por eso puede abrirse al otro, establecer relaciones humanas profundas y trabajar en equipo para el bien de su comunidad. Cuando los ciudadanos perdemos la confianza en nuestro país o en sus instituciones, cuando la suspicacia sustituye a la franqueza, disminuimos nuestra participación social.

Los proyectos del guerrerense tienen una característica sobresaliente: se realizan siempre en colaboración, nunca en aislamiento. Las instituciones y los fondos de financiamiento, nacionales e internacionales, le son tan indispensables como la participación de las organizaciones comunitarias y de base y los recursos gubernamentales. Integrar redes de acción social, es su estrategia de acción principal.

Las organizaciones comunitarias, las agencias de desarrollo popular, los movimientos sociales, los sindicatos y las organizaciones no gubernamentales nacionales e internacionales, son algunos actores de la sociedad civil que hoy trabajan, de manera corresponsable para mejorar sus comunidades, defender sus intereses y crear proyectos de desarrollo acordes a su cultura y necesidades. Estas organizaciones capitalizan en su diario quehacer los recursos que el gobierno pone a disposición de la ciudadanía y que muchas veces se dilapidan por falta de buen aprovechamiento.

Las organizaciones civiles se convierten en importantes canalizadores de recursos humanos y económicos cuando se integran en enormes redes para ofrecer una amplia gama de servicios que atienden, de manera integral, a las necesidades sociales de las comunidades que atienden. Proyectos como RASA, de Arturo García Jiménez, tienen la ventaja adicional de movilizar ciudadanos de manera voluntaria y desarrollar programas de beneficio social sin involucrar a ninguna denominación política ni dejar de aprovechar los recursos que el gobierno pone a disposición de la ciudadanía.

Así como la historia de Diana me pareció idónea para ilustrar el principio de la dignidad y la de Victoria el del bienestar, la historia de Arturo García Jiménez es más que adecuada para ilustrar el principio de la corresponsabilidad. Cuando este joven se dio cuenta de la situación de miseria en que viven sus conciudadanos, no esperó a que el remedio le llegue providencialmente.

Una dosis precisa de pragmatismo

Con una actitud que recuerda a la de Diana y Victoria, Arturo aprovecha todos los medios que tiene a su alcance. Él no sólo es crítico de una realidad corrupta sino que toma medidas para abatirla. La generosidad, la valentía, la imaginación, la creatividad y una dosis precisa de pragmatismo, son sólo algunas de las muchas cualidades de este joven.

Libertad

Serafina: me atrevo a contar mi historia

Serafina, la que esto escribe, nació en San Juan Oxenonacastla, Puebla, municipio de Huetla, hija de padres campesinos. Cuando comenzó su vida como pareja, con Miguel, hubo ciertos conflictos, desacuerdos. Pero con el paso del tiempo, se consolidaron como matrimonio y tuvieron seis hijos. Después de varios años, Miguel empezó a tomar y a cambiar su actitud, por lo que se separaron viviendo aún en la misma casa, que contaba con tres cuartos.

Aunque Miguel siempre fue responsable del gasto, las necesidades aumentaron porque los hijos crecían y Serafina se vio en la necesidad de buscar trabajo. Conoció a Juan quien le propuso trabajar en su casa de entrada por salida. Pasada una semana, le ofreció aumentarle el sueldo si se quedaba de planta. Ella aceptó llevándose con ella a su hijo pequeño.

Se dedicó a cuidar a los hijos de su patrón, junto con el suyo propio, y así pasó el tiempo. La mamá de su patrón, Juan, le preguntó a Serafina por qué no se juntaba con su hijo. Ella contestó que esperaba reconciliarse con su marido y que, además, no le gustaba la actitud de Juan, pues había querido propasarse con ella.

Un día, su mamá del señor Juan, se llevó a los niños. Serafina le preguntó por qué. Juan sólo contestó que sería por un tiempo. A raíz de eso él empezó a tomar y a invitar a su hermano a la casa. Los dos se emborrachaban. Una noche que estaban ya muy tomados, Juan le dijo a Serafina que fuera a la tienda a traer más cervezas. Ella fue a traerlas hasta el bar que estaba abajo en la calle. De regreso, Juan la estaba esperando en la puerta. Sin darle tiempo de nada, le puso un pañuelo en la boca y la metió al cuarto, donde su hermano y él habían estado tomando.

El hermano de Juan estaba tirado muerto y lleno de sangre. Serafina se quedó muda de la impresión, además de que Juan no le quitaba el pañuelo de la boca. La acercó a la cama. Bajó una cobija para tapar al cadáver, le dio un cuchillo a Serafina y le dijo que ella tenía también que darle unas puñaladas; si no lo hacía, mataría su hijo. Esto hizo reaccionar a Serafina. Con mucho temor, tomó el cuchillo e hizo lo que Juan le ordenó. Después, él le dijo que no se moviera de ahí: iba a salir pero regresaría.

Serafina se quedó ahí toda la noche, hasta que amaneció. Llegó Juan con los judiciales y les dijo que ella había matado a su hermano. En ese momento llegó su marido Miguel con el pan para su hijo y los judiciales lo subieron a una camioneta para golpearlo. Juan le dijo que para salvarse los dos, ella debería echarse la culpa. Serafina preguntó por qué, recibiendo como respuesta la amenaza de que si no lo hacía, él iba a matar a su familia. Serafina estaba aterrorizada porque sabía que Juan era capaz de cumplirlo.

Juan se presentó al Ministerio Público para culparla. Un día que Serafina tenía que ir al juzgado, Juan ya la estaba esperando para decirle que era el momento de que se echara la culpa si no quería que matara a sus hijos. Serafina llegó a la Procuraduría y se declaró culpable.

Hoy Serafina es una presa más y está pagando un delito que no cometió. Y Juan, ¿cuándo pagará todo el daño que ocasionó? Su marido, Miguel, sigue siendo el marido responsable al igual que antes. No la abandona nunca y así, poco a poco, se ha ido ganando su corazón. Lo único que él le pide es que, al salir, ya no trabaje más pues ya desconfía de la gente. Sólo él trabajará y Serafina jamás volverá a salir sola para evitar que la dañen. Él la cuidará.[12]

[12] Serafina (pseudónimo), "Me atrevo a contar mi historia". Serafina se encuentra presa en el Cereso de Puebla.

Somos libres, cuando podemos actuar sin presiones internas o externas. Estar tras las rejas o actuar por miedo, como Serafina, es no ser libre. Tampoco son libres quienes viven bajo una dictadura o dependen de una sustancia tóxica. Necesitamos ser libres para elegir nuestra vida, para tener ideas propias, para crear, para vivir en armonía y no sucumbir ante las amenazas.

¿Qué posibilidades tienen de elegir sus vidas las mujeres que trabajan tres turnos diarios con una remuneración mínima? ¿Qué opciones tienen aquellas mujeres que antes de cumplir 20 años y sin haber estudiado más que la primaria, son ya madres de varios hijos y viven en condiciones de miseria?

Es imposible hablar de libertad cuando no hay alternativas porque las circunstancias las han evaporado. En lo que pueda tener de verídica, la historia de Serafina lo ilustra de una manera rotunda: ella ha vivido siempre en condiciones de extrema pobreza. Su nivel educativo es muy bajo. Vive en un país en donde la cultura de la legalidad, a pesar de los importantes avances de los últimos años, aún no arraiga del todo en la población.

¿Es de extrañar que, en estas circunstancias, esta mujer se atemorice ante un hombre violento? Serafina no ha sido nunca libre. El asesinato de que se le acusa, sólo le cerró las rejas de la cárcel en la que ha vivido desde que nació.

Vivir es ir conquistando espacios de libertad

Algunos estudios sobre las actitudes de los mexicanos señalan que apreciamos las leyes siempre y cuando éstas sean justas. ¿Qué significa entonces que las violemos con tanta frecuencia y vivamos en un relajamiento permanente de las normas básicas de convivencia? Difícilmente alguien que viola la ley respetará a su mujer o permitirá que sus hijos crezcan en libertad.

Vivir es ir conquistando espacios de libertad. Esto no quiere decir, necesariamente, que hagamos cambios radicales de un día para otro. Muchos mexicanos y mexicanas realizan pequeños cambios en sus prácticas, en sus creencias y en sus valores. Con el tiempo, estos pequeños cambios producen grandes transformaciones. Un buen ejemplo son las mujeres que fueron realizando pequeños cambios a lo largo de varias décadas que hoy están provocando transformaciones sociales profundas.

La libertad se aprende en el hogar. Cuando en una familia la madre vive cohibida porque el padre la atemoriza, ella no actúa de manera espontánea y está presa aunque no esté tras las rejas. Las hijas de esta mujer probablemente repetirán su actitud cuando se casen; no es imposible que sus hijos se encarguen de intimidar a sus cónyuges para hacer honor al ejemplo del padre.

Muchas mujeres les tienen miedo a sus maridos. Lo que no deja de ser paradójico a la luz de ciertos comentarios de profesionales de la psicoterapia que he escuchado, en el sentido de la gran cantidad de hombres que les confiesan, en el diván, el enorme temor que les tienen a sus mujeres. Ha llegado la hora de establecer un nuevo diálogo entre los sexos para tratar de entender ésta y otras paradojas, para hacer nuevas alianzas que permitan una convivencia armoniosa.

Justicia

Justicia es lo que debe hacerse según el derecho y la razón. La justicia es un ingrediente esencial de la libertad. Sin un sistema de justicia, la libertad de los ciudadanos se vulnera. La justicia se anhela porque se necesita, se necesita cada día. La justicia nos enfrenta a nuestras propias inseguridades y nos obliga a hacer eso que nos cuesta tanto: elegir, tomar partido.

La justicia está presente cada vez que una madre de familia exige y obtiene de las autoridades mejores programas de salud para el bien de sus hijos; cuando el profesor de una escuela rural, además de enseñarles a sus alumnos y alumnas las materias reglamentarias, les transmite valores aprovechando cualquier incidente que se presenta en clase como puede ser una riña; cuando un servidor público se convence de que su labor diaria es fundamental para el desarrollo de la sociedad y la ejerce con honestidad y entrega.

Decir que buscamos la justicia o que somos justos es vago. Es necesario plantear qué tipo de justicia queremos: ¿distributiva?, ¿equitativa? o ¿conmutativa?, y cómo podemos conseguirla involucrando a la mayor parte de los ciudadanos. Es difícil que todos los integrantes de la sociedad tengan una misma definición de justicia, además de que no es el objetivo de la democracia y de la libertad. Una concepción plural de justicia es parte de la riqueza nacional.

Hace unos años nos la pensábamos antes de hablar

Para que las libertades de los individuos se fortalezcan, es necesario contar con un gobierno interesado en ampliar los espacios de libertad de los ciudadanos, en respetar las libertades políticas, la libertad de asociación, de reunión y el derecho al voto, y en promover el acceso a la información.

La libertad política no ha existido desde siempre. Tampoco se ha dado fácilmente en ningún lugar del mundo. La lucha por alcanzarla ha costado muchas vidas. El 2 de julio del 2000, la libertad política dio un salto en nuestro país. Nos crecimos con el triunfo y con razón. Sin embargo, hay quienes pretenden desvalorizar lo ocurrido y se convierten en heraldos del pasado promoviendo actitudes derrotistas.

Parece que estas personas olvidan que, apenas hace unos cuantos años, nos la pensábamos antes de hablar con franqueza y en público sobre alguna irregularidad cometida por los gobernantes o un abuso de poder de parte suya.

Quizá a muchos les parezca exagerada la afirmación. Pero muy revelador de lo que ocurría en México poco antes del 2000, es el caso de una joven amiga mía que tardó muchos meses en definir el título de un libro políticamente cuestionador pues temía las represalias que podía recibir si el partido en el poder lo consideraba demasiado agresivo.

Las prácticas nefastas no pueden eliminarse de un plumazo ni tampoco las prácticas sustitutivas generarse de un día para el otro. Quizá este ha sido uno de los aprendizajes más difíciles de asimilar; uno de los que más han golpeado el amor propio de muchos mexicanos. Hemos aprendido que la sociedad tiene sus tiempos y que hay que caminar como la realidad impone en vez de volar como el corazón quisiera. Pero esto no invalida, ni mucho menos, los logros alcanzados.

¿Cómo valorar debidamente que nuestros medios de comunicación tengan la libertad de decir lo que piensan? ¿Cómo que la Suprema Corte de Justicia de la Nación esté consolidando su autonomía o que hayamos pasado de la caja negra a la caja de cristal? ¿Cómo que se ventilen públicamente las acciones del gobierno? Porque, sin duda uno de los logros más significativos es que hoy los gobernantes son vigilados y tienen que responder por sus actos.

Hoy, cualquier ciudadano tiene acceso a los gastos de cada funcionario, así como también a la manera cómo cumplen sus funciones: esto lo garantiza la Ley de la transparencia y vela por ello el Instituto Federal de Acceso a la Información (IFAI). Los gobernantes deben demostrar, con hechos, que conocen las respuestas correctas y actúan en consecuencia de estas y otras preguntas semejantes: ¿qué poder tienes? ¿Quién te lo dio? ¿Qué intereses sirves? ¿A quién debes responderle?

A veces pareciera, al escuchar la radio, leer los diarios o ver la televisión que las discusiones en que se embarcan numerosos actores políticos, silencian los deseos populares en vez de atenderlos; que sus riñas obstaculizan que la sociedad tome las riendas de su gobierno y de sus estructuras; que su barullo impide los acuerdos y atenta en contra de la dignidad y las aspiraciones sociales; que el relumbrón que emanan desvía la atención de los temas esenciales. Sin embargo, ¿cómo negar que estas conductas hablen, también, de una actitud política inédita en nuestro país?

Los niños y las niñas mexicanos deben saber que el país libre que les tocó vivir, es producto de la disciplina, el esfuerzo, el trabajo, el estudio y la lucha cotidiana de muchos hombres y mujeres que los precedieron; que para que la lucha de estos mexicanos no sea en balde, ellos deben convertirse en seres humanos responsables y abrir espacios de libertad a las nuevas generaciones. A los niños y las niñas de hoy les toca:

Consolidar una cultura de la legalidad.

Generar nuevas formas de impartir la justicia.

Imaginar nuevas maneras de combatir la pobreza, la exclusión, la discriminación, la inequidad y la violación de los derechos humanos.

Todos los mexicanos y en particular las mujeres, deben tener la oportunidad de desarrollar su autoestima y de generar los recursos económicos, educativos y culturales suficientes para no sucumbir ante las amenazas y poder actuar en libertad. Todos merecen vivir en espacios de bienestar, justicia y libertad, llámense éstos hogar o sitio de trabajo, para que las circunstancias no los arrojen, como le ocurrió a Serafina, a vivir tras las rejas.

Mis papás en Zamora.

> Generosidad y amor eran
> las enseñanzas de mi padre:
> Alberto... Tere, mi mamá,
> era una mujer de carácter
> dulce y fuerte a la vez, que
> me enseñó a ser ordenada...

Con mi hermana Beatriz.

En la Primera Comunión.

"La familia en la que nací responde al modelo tradicional, con la diferencia de que, en una época en que eso no se usaba, mis hermanos y yo fuimos formados en los principios de la igualdad, la libertad y la independencia."

A los seis años.

Con mi hermana Beatriz.

Con amigas en la Ciudad de México.

La familia Sahagún Jiménez completa.

Ceremonia del Grito de independencia en 2002 *(de izq. a der.):*
Fernando Bribiesca Sahagún, Paulina Fox de la Concha,
C. Presidente Vicente Fox Quesada, Marta Sahagún de Fox, Manuel
Bribiesca Sahagún, Mónica Jurado de Bribiesca,
Jorge Alberto Bribiesca Sahagún y Cecilia García de Bribiesca.

Ceremonia del Grito de independencia en 2004 *(de izq. a der.): Manuel Bribiesca Sahagún, Mónica Jurado de Bribiesca, María Bribiesca Jurado, Fernando Bribiesca Sahagún, Mónica Bribiesca Jurado, Marta Sahagún de Fox, en brazos María Camila Bribiesca García, C. Presidente Vicente Fox Quesada, Cecilia García de Bribiesca y Jorge Alberto Bribiesca Sahagún.*

Durante el Desfile del 16 de septiembre en 2004 *(de izq. a der.): Vicente Fox Rodríguez, Marta Sahagún de Fox, María y Mónica Bribiesca Jurado.*

Informe de gobierno 2004 (de izq. a der.): Vicente Fox de la Concha, Paulina
Fox de la Concha, C. Presidente Vicente Fox Quesada, Marta Sahagún de Fox,
Ana Cristina Fox de la Concha y Rodrigo Fox de la Concha.

> Las mujeres hemos sido siempre parte importante de la vida productiva de nuestras familias, de nuestras comunidades y de nuestros países. Sin embargo en pocas ocasiones se nos ha dado el lugar que nos corresponde.

> México es un país con una
> gran diversidad cultural,
> ecológica y geográfica; ello
> nos exige una gran capacidad
> de tolerancia.

"Muchas familias mexicanas saben del vacío,
del dolor, del miedo, de la angustia y la
destrucción a la que llevan las drogas.

El **amor**
es servicio.

"
Hoy la consigna es:
enlace, interacción,
acuerdos, elaboración de
consensos, colaboración
y solidaridad.
"

> La educación es la vía regia para combatir la pobreza, promover la democracia, impulsar la justicia social y arraigar los ideales de solidaridad, libertad, paz y entendimiento entre los pueblos.

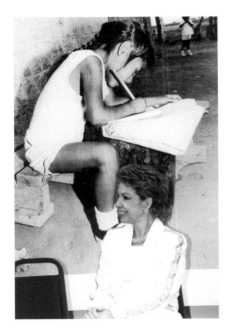

> Muchas mujeres preferimos convencer antes que imponer.

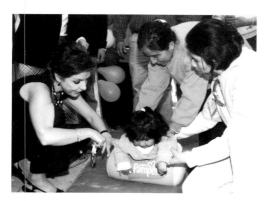

> Los niños que crecen en un ambiente de atención, confianza y cariño, tienen mayor autoestima y mejores posibilidades de desarrollar su potencial.

> Los grupos indígenas esperan reconocimiento y oportunidades para mostrar que ellos son agentes de cambio, de crecimiento y desarrollo dentro de su propia cultura.

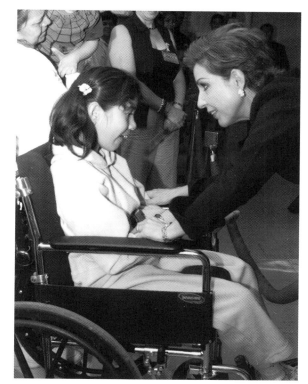

"

La marginación de los niños y de las mujeres puede ser considerada emblemática de todas las demás marginaciones que existen en el país.

"

> "No puedo evitarlo: soy particularmente sensible al sufrimiento de una madre que tiene un hijo enfermo o con problemas."

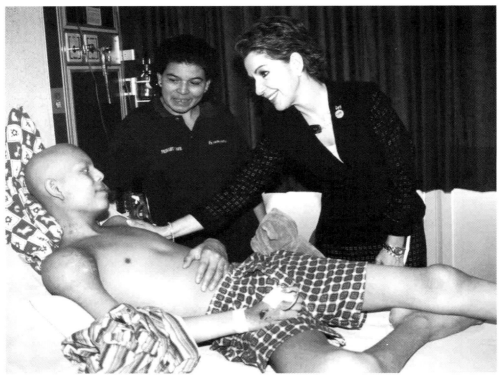

"
En la familia
no tienen ya cabida la
abnegación,
la sumisión
o la obediencia ciega.
"

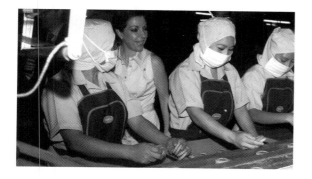

Los gobiernos no lo pueden todo
ni la sociedad puede sola.

66

México está más allá
de los partidos
y las ideologías.

99

"

Yo sueño las cosas como
nunca han sido y digo,
¿por qué no?

"

" Participemos en la construcción del México
justo e incluyente que todos deseamos. "

Caminando
por el mundo

Con la Reina Beatriz de Holanda
(marzo 2002).

Con James D. Wolfensohn,
Presidente del Banco Mundial
(abril 2002).

Con Kofi Annan,
Secretario General de la ONU
(mayo 2002).

Con el Papa Juan Pablo II
(agosto 2002).

Reunión con las mujeres
de la Organización de Derechos de la Mujer en Nigeria
(septiembre 2002).

En el Palacio de Bellas Artes durante la XI Conferencia de Esposas
de Jefes de Estado y de Gobierno de las Américas celebrada en México
(septiembre 2002).

Con las esposas de los Líderes
de las Economías de la APEC
(octubre 2002).

Visita de los Reyes de España
a México
(noviembre 2002).

Visita de Bill Clinton
a México
(abril 2003).

Con Jacques Chirac
(mayo 2003).

Con el ex presidente Jimmy Carter
(octubre 2003).

En la cena de Estado con el Presidente
*federal de Alemania, **Johannes Rau***
(noviembre 2003).

En la Cumbre Extraordinaria de las Américas,
*con **Laura Bush**, Primera Dama de Estados Unidos*
*y **Sheila Martin**, Primera Dama de Canadá*
(enero 2004).

Con los Bush
en la Cumbre Extraordinaria de las Américas,
Monterrey, México
(enero 2004).

*Durante la Cumbre Extraordinaria de las Américas,
con el Presidente de Brasil* **Lula Da Silva**
(enero 2004).

Con Carlos Slim
(enero 2004).

Con Laura Bush
(marzo 2004).

Con Laura Bush
en el proyecto "Martha's Table",
Washington, D.C.
(marzo 2004).

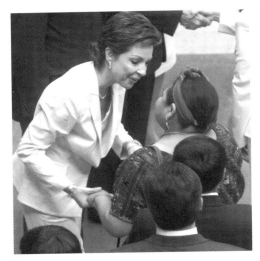

Con Rigoberta Menchú,
Premio Nobel de la Paz,
en Guatemala
(marzo 2004).

Con los participantes de la Cumbre
de América Latina, el Caribe y la Unión Europea,
celebrada en Guadalajara, México
(mayo 2004).

Con la Primera Dama de Rusia,
Ludmila Alexandra Putina
(junio 2004).

Con Caroll Bellamy,
Directora Ejecutiva de la UNICEF
México, D.F.
(agosto 2004).

Visita del Dalai Lama
a México
(octubre 2004).

Durante la visita de Estado a Paraguay
(noviembre 2004).

Adicciones

Las adicciones truncan vidas y malogran proyectos de desarrollo personal y social.

Programas preventivos y participación comunitaria, 16/11/01.

Muchas familias mexicanas saben del vacío, del dolor, del miedo, de la angustia y la destrucción a la que llevan las drogas.

Centro de rehabilitación Misión Korián, 23/1/02.

Todos podemos hacer algo para prevenir que el alcohol o las drogas esclavicen a las personas que nos rodean.

Alcohólicos Anónimos, 16/5/03.

* Las frases de este capítulo fueron tomadas de pláticas que he dado en los últimos 3 años. Han sido editadas para conservar el sentido que tuvieron dentro de la plática respectiva.

Adultos mayores

Envejecer es como escalar una gran montaña: durante la subida las fuerzas disminuyen, pero el corazón es más fuerte, la mirada más libre y la vista más amplia y serena.

Instituto Nacional de Adultos en Plenitud, 19/12/01.

Los adultos mayores viven muchos momentos difíciles.

Instituto Nacional para los Adultos Mayores, 30/9/03.

Más de siete millones de mexicanos tienen más de sesenta años.

Campaña pro empleo adulto en plenitud, 21/8/01.

La mayoría de los adultos mayores son mujeres.

Instituto Nacional para los Adultos Mayores, 30/9/03.

Amor

Amor es servicio.

Desarrollo Integral de la Familia (DIF) Morelos, 7/10/03.

El amor supera cualquier barrera.

II Congreso Teletón, 8/8/02.

El amor tiene fuerza porque se olvida del propio contento para contentar a quien ama.

Best Buddies, 30/9/02.

Bibliotecas

Al abrir bibliotecas y promover la lectura, aseguramos mexicanos y mexicanas libres e independientes.

Campaña por las bibliotecas mexicanas, 8/4/02.

Las bibliotecas son frentes de batalla contra la ignorancia. Las niñas, los niños y los jóvenes que van a las bibliotecas, descubren un espacio en donde su espíritu se enaltece y su conocimiento aumenta.

Campaña por las bibliotecas mexicanas, 8/4/02.

Es necesario que las instituciones sociales, públicas y privadas, coordinen acciones y sumen esfuerzos para lograr que el conocimiento sea un recurso al que todos puedan acceder.

Campaña por las bibliotecas mexicanas, 8/4/02.

Cambio

Cualquier transformación social se inicia en lo más profundo de nuestro ser. El principio del cambio somos nosotros mismos.

Xochitepec, desayunos escolares, 20/8/03.

El cambio sólo puede lograrse si la vida cotidiana de todos y cada uno de los mexicanos habla de libertad, derechos y obligaciones.

VII Concurso de cartel sobre los derechos de los niños, 4/6/02.

El cambio se relaciona con el fin de las acciones autoritarias y paternalistas.

Programa de apoyo a Organizaciones de la Sociedad Civil, 30/8/02.

La razón principal para buscar el cambio, es el deseo de superar las causas que generaron la pobreza y la marginación.

XIII Expobazar artesanías, 26/11/03.

Hay que trabajar por el cambio con decisión y metas claras.

Visita a la Universidad de Tamaulipas, 26/2/02.

La fuerza del cambio está en el deseo de la sociedad de resolver los conflictos mediante el diálogo y los acuerdos; mediante el respeto a la diferencia y a la diversidad; mediante la tolerancia y el trabajo corresponsable de todos los sectores.

VII Encuentro de mujeres del Foro de Cooperación Económica Asia-Pacífico (APEC), 22/8/02.

Las bases del cambio están colocadas. La sociedad las protegerá porque sabe que son el seguro de vida de las nuevas generaciones.

Instituto Nacional de las Mujeres (Inmujeres) e
Instituto Mexicano de la Juventud (Injuve), 17/11/03.

Las mujeres fuimos, somos y seremos promotoras y defensoras del cambio.

VII Foro de la mujer emprendedora del Fondo Nacional de
Apoyo a las Empresas en Solidaridad, 19/2/03.

Computadoras

A través de las computadoras aprendemos muchas cosas y tenemos acceso al mundo.

Niños indígenas, 1/5/03.

Las computadoras son necesarias para una educación actualizada y pueden ser una buena arma para combatir la pobreza.

Escuelas de calidad, 4/12/02.

Los niños y las niñas piden computadoras porque tienen deseo de saber, de aprender. Debemos de ayudarlos a satisfacer ese deseo.

Ceremonia de entrega de computadoras, 20/5/03.

Corresponsabilidad

El imperativo del principio de la corresponsabilidad deriva de que los gobiernos no pueden resolverlo todo ni las sociedades pueden hacerlo todo solas.

Conferencia de Esposas de Jefes de Estado y de Gobierno de las Américas, 16/11/02.

La responsabilidad de encontrar las soluciones que requieren los complejos problemas de nuestro país, no puede recaer, exclusivamente, en el gobierno. Todas las mexicanas y todos los mexicanos debemos colaborar.

Concurso Instituto Mexicano de la Juventud (Injuve) e
Instituto Nacional de las Mujeres (Inmujeres), 17/10/02.

Debemos impulsar la formación de redes sociales para combatir la pobreza y las desigualdades con más eficacia.

Entrega de silla de ruedas, 5/12/05.

Hoy la consigna es: enlace, interacción, acuerdos, elaboración de consensos, colaboración y solidaridad.

Conferencia recepción de Jefes de Estado, 28/1/02.

Las grandes metas se alcanzan cuando gobierno y sociedad, trabajando juntos, restan flaquezas y suman talentos y capacidades.

Programa de discapacitados, 1/2/02.

México es de todos. Por eso todos compartimos la responsabilidad de una sociedad justa y satisfecha.

Programa jóvenes-jóvenes, 6/2/03.

"Responsabilidad para con nosotros mismos y corresponsabilidad de los unos para con los otros": frases mágicas que operan milagros.

Gente ayudando gente, 15/8/03.

Democracia

La democracia se mide por el grado de participación y responsabilidad activa de todos los ciudadanos.

v Congreso nacional de organizaciones no gubernamentales, 24/10/02.

Las fuerzas políticas del país deben tener la capacidad de disentir y competir limpiamente al tiempo que ponerse de acuerdo en lo fundamental.

Gira en Morelia, 3/12/01.

Deben enfatizarse las coincidencias políticas e ideológicas para que la democracia dé buenos frutos.

v Informe de Actividades del Sistema Nacional para el Desarrollo Integral de la Familia (DIF), 20/1/04.

Derechos humanos

Los derechos humanos son mucho más que normas jurídicas. Son valores que deben ser mantenidos y cultivados en la sociedad y en nuestras familias.

Centro de rehabilitación integral de Querétaro, 26/3/03.

Los derechos humanos son universales. Son para todos, sin excepciones ni limitaciones.

Centro de rehabilitación integral de Querétaro, 26/3/03.

Educación

La educación es la palanca del cambio y el desarrollo: es la puerta de acceso a la realización personal.

Entrega de autobuses-aula, 21/5/02.

El camino del éxito se funda en el estudio.

Programa Ayúdame a llegar, 21/2/03.

La educación es el arma más potente para lograr la paz.

Centro de Atención Integral Capullos para niñas y niños en situación de calle, 15/5/03.

La educación es uno de los pilares estratégicos para acrecentar el capital humano y social de nuestras naciones.

Asociación Hispana de Universidades, 28/7/03.

La educación libera a las personas.

Centro de Atención Integral Capullos para niñas y niños en situación de calle, 15/5/03.

Los líderes que han trascendido en beneficio de la humanidad, saben que la educación es el pasaporte para que cada persona identifique su vocación y alcance su plenitud.

Xochitepec, desayunos escolares, 20/8/03.

La educación es uno de los pilares que sostienen el edificio de las oportunidades.

Innovaciones educativas, 28/3/03.

La educación es la llave de todas las oportunidades. Un país no educado, un país con gente sin formación de calidad, es un país que se irá rezagando y nosotros no queremos eso para nuestro querido México.

Entrega de autobuses-aula, 2/4/03.

La educación es la vía regia para combatir la pobreza, promover la democracia, impulsar la justicia social y arraigar los ideales de solidaridad, libertad, paz y entendimiento entre los pueblos.

Xochitepec, desayunos escolares, 20/8/03.

Los países, al igual que las personas, son lo que la educación hace de ellos.

Xochitepec, desayunos escolares, 20/8/03.

En nuestro querido país nadie, ni un mexicano, ni una mexicana, debe carecer de educación.

Entrega de autobuses-aula, 2/4/03.

La niñez y la juventud indígenas deben estar conscientes del valor de la educación y de la importancia de su participación en la erradicación de los problemas que viven cotidianamente.

79

Albergue Telpochcalli, 5/2/03.

Los adultos también aprendemos y aprendemos todos los días.

Entrega de autobuses-aula, 2/4/03.

Necesitamos educación sexual con todas sus letras. Somos seres humanos, con un aparato reproductivo que hay que cuidar; para eso nos tenemos que educar, por nosotros, por nuestros hijos, por nuestras hijas.

Albergue Ser Humano, 7/5/03.

Necesitamos jóvenes equipados con las únicas herramientas que verdaderamente vale la pena heredar a nuestros hijos: el conocimiento, la educación, el amor por la lectura.

Programa Hacia un país de lectores, 28/5/02.

Se están poniendo bases sólidas para garantizar la educación que merecen las nuevas generaciones.

Asociación Hispana de Universidades, 28/7/03.

Somos responsables de la educación y del ejemplo que damos a nuestras hijas, hijos, alumnos y alumnas.

IV Congreso internacional de negocios, 22/2/02.

Todos podemos hacer algo por la educación. Nadie tiene el monopolio de la educación. No hay exclusividad para ningún programa, ni para ninguna alianza.

Programa Ayúdame a llegar, 21/2/03.

Un primer paso para superar la pobreza es alcanzar la equidad educativa.

Entrega de autobuses-aula, 6/12/01.

La educación perdura en el corazón del ser humano.

Presentación de resultados de la Fundación Televisa, 17/7/02.

Empleo

Además de contar con una fuente de ingresos, un empleo significa tener la oportunidad de acrecentar las propias capacidades desarrollando un potencial invaluable para el crecimiento del país.

Convenio entre la Secretaría de Economía y la Cervecería Cuauhtémoc Moctezuma, 14/8/03.

La creación de empleos es urgente. Se necesitan reformas estructurales para promoverla.

IV Congreso internacional de negocios, 22/2/02.

Emprendedores

Emprender es hacer que las cosas sucedan, es arriesgarse, es tener la voluntad de modificar nuestra realidad para ser mejores.

VII Foro de la mujer emprendedora del Fondo Nacional de Apoyo a las Empresas en Solidaridad, 19/2/03.

Los emprendedores nos han demostrado, con cifras, la cantidad de empleos que pueden generar.

Encuentro Nacional de Empresas Sociales Exitosas, 21/8/03.

Empresas

La empresa no sólo genera riqueza económica sino también profesional, personal, humana y social.

IV Congreso internacional de negocios, 22/2/02.

El empuje y el éxito de las empresas son pivotes del desarrollo cuando los empresarios comparten con otros su talento y su conocimiento.

Comunidades marginadas, 4/3/02.

Las empresas sociales exitosas son ejemplo de lo que ocurre cuando se trabaja con corresponsabilidad y compromiso.

Encuentro Nacional de Empresas Sociales Exitosas, 21/8/03.

Las pequeñas y medianas empresas deben contar con las condiciones necesarias para explotar su potencial.

Asociación Mexicana de Mujeres Empresarias (Ammje), 28/2/03.

Nunca, como ahora, las empresas se han visto enriquecidas con la participación de las mujeres.

VII Encuentro de mujeres del Foro de Cooperación Económica Asia-Pacífico (APEC), 22/8/02.

Equidad

La equidad de géneros exige que la mujer asuma el reto de acrecentar su poder.

Esposas y esposos de líderes del Foro de Cooperación Económica Asia-Pacífico (APEC), 27/10/02.

Equidad de género: hombres y mujeres acompañándose por igual. Hombres y mujeres en armonía, trabajando hombro con hombro, sin renegar de lo que cada quien es.

Sociedad cooperativa agropecuaria regional Tosepan Titata Nisque, 10/11/03.

Hombres y mujeres tenemos que redefinir nuestros roles y actuar de acuerdo.

Congreso mundial de mujeres empresarias, 30/1/02.

La equidad de género se verifica en la igualdad de oportunidades.

VII Encuentro de mujeres del Foro de Cooperación Económica Asia-Pacífico (APEC), 22/8/02.

Los hombres y las mujeres debemos tratarnos con respeto porque tenemos la misma dignidad.

Sociedad cooperativa agropecuaria regional Tosepan Titata Nisque, 10/11/03.

La inequidad de género ha generado marcadas diferencias que sólo pueden ser calificadas como una injusticia en contra de las mujeres.

Foro Internacional Mujer Trabajadora Siglo XXI, 17/9/01.

Debemos encontrar el equilibrio entre el trabajo en el hogar y el trabajo fuera del hogar, la educación de nuestros hijos y el legítimo uso de nuestro tiempo libre.

Congreso mundial de mujeres empresarias, 30/1/02.

Los hombres y las mujeres nos complementamos cuando reconocemos nuestra igualdad como humanos y el valor de las diferencias que nos unen.

Día internacional de la mujer, 8/3/02.

Los hombres y las mujeres nos necesitamos unos a los otros, en las labores del campo, en las de la industria, en las cooperativas y también en las labores del hogar.

Sociedad cooperativa agropecuaria regional Tosepan Titata Nisque, 10/11/03.

La consolidación de la equidad de género se habrá cumplido cuando en cualquier tipo de trabajo, hombres y mujeres ocupemos los mismos puestos y tengamos los mismos salarios, derechos y obligaciones.

Foro Internacional Mujer Trabajadora Siglo XXI, 17/9/01.

Los esfuerzos políticos, económicos y legales sólo serán suficientes si damos pasos firmes y audaces para revertir la inequidad de género.

Entrega de La Enciclopedia de la Mujer del Siglo XX, *19/9/01.*

Escuela

La escuela debe apoyarse en equipos tecnológicos de vanguardia y estar orientada por una pedagogía que promueva la reflexión además de las capacidades mnemotécnicas.

X Conferencia de Jefes de Estado, 8/11/01.

La alfabetización es una prioridad del quehacer educativo.

X Conferencia de Jefes de Estado, 8/11/01.

La atención, el amor y la comunicación de los padres hacia los hijos, educan sus corazones en el hogar. En la escuela, los maestros educan sus mentes.

Xochitepec, desayunos escolares, 20/8/03.

La escuela debe estar abierta a todos, sin distingo de edades, sectores, ni lugares.

Innovaciones educativas, 28/3/03.

La escuela es un escenario de formación y aprendizaje, de sueños construidos, tareas cumplidas y metas alcanzadas donde miles de alumnas y alumnos se convierten en mujeres y hombres realizados.

Xochitepec, desayunos escolares, 20/8/03.

La escuela es un lugar de encuentro para compartir, conocer y desarrollarse que los niños y niñas deben aprovechar.

Xochitepec, desayunos escolares, 20/8/03.

La escuela forma a los niños y a los jóvenes como personas íntegras y ciudadanos comprometidos y honestos y los convierte en orgullosos mexicanos.

Entrega de autobuses-aula, 21/5/02.

La escuela vanguardista trasmite los valores del sentido crítico, la libertad y el civismo y forma mujeres y hombres con criterio, compromiso y responsabilidad a la altura de la competencia nacional e internacional.

Entrega de autobuses-aula, 21/5/02.

La tecnología tiene que llegar a todas las escuelas.

Ceremonia de entrega de computadoras, 20/5/03.

Los maestros deben tener los materiales necesarios, los niños deben estar sin hambre.

Entrega de autobuses-aula, 6/12/01.

83

Familia

La Declaración Universal de los Derechos Humanos señala que la familia es el elemento natural y fundamental de la sociedad y tiene derecho a la protección de la sociedad y del estado. Su insuficiente protección genera situaciones inaceptables de inequidad, desintegración y violencia que nos afectan.

II Congreso internacional sobre La familia hoy, derechos y deberes, *7/11/03.*

La familia es la célula de la sociedad y la institución que fortalece a un país. No podemos darnos el lujo de perderla.

Programa jóvenes-jóvenes, 6/2/03.

La familia es la institución más fuerte de la sociedad, a pesar de los embates y transformaciones que enfrenta.

II Congreso internacional sobre La familia hoy, derechos y deberes, *7/11/03.*

La familia es una institución vigente; no es un concepto de moda ni uno obsoleto.

Mesa interinstitucional para el diagnóstico sobre la familia mexicana, 14/8/03.

84 El corazón de los hombres se forma dentro de la familia.

V Informe de Actividades del Sistema Nacional para el Desarrollo Integral de la Familia (DIF), 20/1/04.

La incorporación de la mujer al trabajo productivo, la baja en la fecundidad, el mayor acceso a la educación y la mayor esperanza de vida, contribuyen al replanteamiento de la familia.

II Congreso internacional sobre La familia hoy, derechos y deberes, *7/11/03.*

En la familia se aprende lo que es ser humano; se aprende a amar y a compartir, a enfrentar el dolor, a superar los obstáculos, a desarrollar las capacidades y a vivir en comunidad.

III Congreso internacional del Centro de Estudios y Formación Integral de la Mujer (CEFIM), 6/10/03.

En la familia se concentran nuestras principales preocupaciones y nuestros más caros anhelos.

Encuentro nacional sobre la familia, 22/11/02.

Es en la familia, a través de ella y por ella, que las y los mexicanos luchamos día a día por forjar un futuro mejor.

Encuentro nacional sobre la familia, 22/11/02.

La familia da testimonio de amor, de fortaleza y de voluntad.

II Congreso Teletón, 8/8/02.

La familia determina el desarrollo y el futuro de cada uno de sus miembros, así como el tipo de relación que éstos establecerán con la comunidad.

Mesa interinstitucional para el diagnóstico sobre la familia mexicana, 14/8/03.

La familia es el verdadero sostén, la verdadera fuerza para salir adelante.

II Congreso Teletón, 8/8/02.

Las funciones de la familia son: proveer bienes materiales, ofrecer seguridad, transmitir valores, dotar de afectividad e integración, ser un espacio de solidaridad, apoyo mutuo y, sobre todo, de amor.

Mesa interinstitucional para el diagnóstico sobre la familia mexicana, 14/8/03.

Algunas familias padecen los peores estragos de la pobreza, la violencia, la marginación y la inequidad.

Encuentro nacional sobre la familia, 22/11/02.

La familia ha resentido los impactos de la injusticia. La desintegración, la violencia y la pobreza son sólo algunas expresiones de su nuevo rostro.

Informe del Sistema Nacional para el Desarrollo Integral de la Familia (DIF), 28/2/03.

Las transformaciones de la familia continuarán siendo insuficientes si las mujeres jefas de familia siguen cargando con dobles o triples jornadas de trabajo. Si se carece de infraestructura y políticas viables que garanticen la subsistencia digna de todos sus miembros.

II Congreso internacional sobre La familia hoy, derechos y deberes, *7/11/03.*

Los datos son elocuentes: según el Censo del año 2000, en México hay 22.3 millones de hogares de los cuales, 4.6 millones, o sea, casi el 21%, son "hogares con jefa", es decir, están encabezados por una mujer, y 9.1 millones de mujeres han tenido al menos un incidente de violencia en el hogar: estamos hablando de casi 47% de las 19.5 millones de mujeres de 15 años o más.

Informe del Sistema Nacional para el Desarrollo Integral de la Familia (DIF), 28/2/03.

En una de cada cuatro familias la jefatura de la familia está a cargo de una mujer.

II Congreso internacional sobre La familia hoy, derechos y deberes, *7/11/03.*

La familia requiere oportunidades para salir adelante, sin importar el número de sus miembros o la forma en que esté organizada.

Encuentro nacional sobre la familia, 22/11/02.

Comprender los cambios que ha experimentado la familia en los últimos años, es un primer paso para reconocer su nueva identidad y fortalecer sus nuevas estructuras en aras de modelos de desarrollo más justos y equitativos.

Encuentro nacional sobre la familia, 22/11/02.

Conocer y preguntarnos más acerca de la institución familiar es cuestionarnos a nosotros mismos.

Mesa interinstitucional para el diagnóstico sobre la familia mexicana, 14/8/03.

Se van rompiendo paradigmas tradicionales y se van conformando nuevos modelos familiares que nos imponen nuevos retos.

II Congreso internacional sobre La familia hoy, derechos y deberes, *7/11/03.*

Un buen diagnóstico sobre la familia mexicana reconoce que se está transformando.

Informe del Sistema Nacional para el Desarrollo Integral de la Familia (DIF), 28/2/03.

En la familia no tienen ya cabida la abnegación, la sumisión o la obediencia ciega.

Encuentro nacional sobre la familia, 22/11/02.

En la última década del siglo XX, prácticamente se duplicó el número de parejas que se separan.

II Congreso internacional sobre La familia hoy, derechos y deberes, *7/11/03.*

Han cambiado las formas de relación en el interior de la familia. También sus estructuras y sus problemas y, por lo tanto, sus retos.

Encuentro nacional sobre la familia, 22/11/02.

Hoy tenemos varios modelos de familia. La familia tiene hoy nuevos rostros, nuevas expresiones y nuevos roles.

Encuentro nacional sobre la familia, 22/11/02.

La familia se ha convertido en una figura de múltiples formas, que cambia constantemente, en busca de equilibrio, estabilidad, seguridad, tranquilidad, amor y felicidad.

II Congreso internacional sobre La familia hoy, derechos y deberes, *7/11/03.*

La viudez está cediendo el paso a la separación y al divorcio como la principal causa de los hogares monoparentales.

II Congreso internacional sobre La familia hoy, derechos y deberes, *7/11/03.*

Los cambios de la familia son resultado de un proceso natural de evolución y de los efectos de los procesos económicos de los últimos años.

Informe del Sistema Nacional para el Desarrollo Integral de la Familia (DIF), 28/2/03.

Las nuevas características de la familia se explican por los cambios políticos, económicos, sociales, culturales y demográficos ocasionados por la globalización y las transformaciones que ésta genera en nuestras naciones.

II Congreso internacional sobre La familia hoy, derechos y deberes, *7/11/03.*

El futuro de México y de los mexicanos depende, en buena parte, del impulso que se le dé a la familia y del desarrollo de ésta.

Mesa interinstitucional para el diagnóstico sobre la familia mexicana, 14/8/03.

En la familia se reflejan los éxitos y fracasos de las políticas públicas.

Encuentro nacional sobre la familia, 22/11/02.

Hay que trabajar para alcanzar la igualdad, el respeto, la libertad, la responsabilidad y la dignidad de la pareja.

II Congreso internacional sobre La familia hoy, derechos y deberes, *7/11/03.*

Hoy es imposible partir de prototipos familiares que, con frecuencia, sirvieron para encubrir prácticas autoritarias y desiguales, sobre todo en contra de las mujeres y de sus hijos e hijas pequeños. Estas prácticas permitieron actuar en base a la mentira y la simulación.

II Congreso internacional sobre La familia hoy, derechos y deberes, *7/11/03.*

La familia debe estar en el centro de las agendas política, económica y social.

II Congreso internacional sobre La familia hoy, derechos y deberes, *7/11/03.*

Procede continuar diseñando políticas sociales innovadoras y audaces que contribuyan a dar respuesta eficaz a las necesidades de la familia.

II Congreso internacional sobre La familia hoy, derechos y deberes, *7/11/03.*

¡Qué exista equidad entre el padre y la madre y más responsabilidades comunes en el hogar! ¡Qué todos los miembros de la familia se involucren en una dinámica de comunicación e integración!

V Informe de Actividades del Sistema Nacional para el Desarrollo Integral de la Familia (DIF), 20/1/04.

Queremos familias integradas, con acceso al trabajo, a la salud, a la vivienda digna y a la buena educación.

Informe del Sistema Nacional para el Desarrollo Integral de la Familia (DIF), 28/2/03.

El gobierno y la sociedad trabajamos por la familia, queremos lo mejor para ella y hacemos cualquier sacrificio por ella.

Encuentro nacional sobre la familia, 22/11/02.

Son morales y legítimas las familias que encabeza sólo el padre. Son morales y legítimas las que sólo encabeza la madre. Un hogar que tiene por cabeza un hombre, puede ser un hogar donde se respire alegría y felicidad.

Donativos de Tupperware a los niños de la calle, 23/4/03.

Felicidad

El éxito real de una persona es alcanzar la felicidad.

Cedros del Líbano, 8/1/04.

La felicidad es una plenitud que se encuentra en un alma serena, tranquila y alegre, a pesar de las carencias materiales.

Cedros del Líbano, 8/1/04.

La felicidad es vivir la propia vida con conocimiento, respeto, alegría y sin adicciones.

Programa de prevención del abuso en consumo de bebidas alcohólicas y alcoholismo en población indígena, 11/6/02.

La felicidad combinada con éxito material, debe agradecerse al cielo.

Cedros del Líbano, 8/1/04.

La felicidad se logra cuando se logra el bienestar interno.

Cedros del Líbano, 8/1/04.

Filantropía

El ejercicio de la filantropía contribuye a disminuir pobreza y marginación y a incrementar la educación y salud de los niños y mujeres.

Entrega de autobuses-aula, 6/12/01.

La filantropía nacional apoya acciones sociales dirigidas a luchar contra las adicciones.

IV Conferencia Binacional México-Estados Unidos, 16/11/01.

A través de la filantropía se realizan esfuerzos para hacer llegar la tecnología educativa a las escuelas que tienen pocos recursos.

Ceremonia de entrega de computadoras, 20/5/03.

La meta de la campaña *Kilos de Ayuda*, es alimentar a diez millones de niños, niñas y familias pobres durante los próximos cinco años.

Campaña Kilos de Ayuda 2002, 31/5/02.

89

Generosidad

Generosidad es amor.

Presentación del disco Cantemos a la esperanza, *9/7/02.*

Somos para darnos.
Somos, en buena medida, para ser de los demás.
La generosidad extrae lo mejor de nosotros mismos.
El afecto, el desprendimiento, la alegría, la libertad y la dedicación forman parte de la generosidad.
La generosidad nos permite reencontrar el sentido auténtico de la vida.
La generosidad es un factor de humanización.

Sorteo de la Lotería Nacional a favor de la Colecta Anual de la Cruz Roja 2002, 15/3/02.

Globalización

La globalización da cuenta de un crecimiento sin precedente al mismo tiempo que pone de manifiesto el aumento de la pobreza y la marginación.

IV Congreso internacional de negocios, 22/2/02.

La interdependencia económica entre las naciones hace que el planeta parezca más pequeño.

Esposas y esposos de líderes del Foro de Cooperación Económica Asia-Pacífico (APEC), 27/10/02.

Hoy, con las fronteras desdibujadas por la globalización, los problemas locales se transforman en comunes.

IV Conferencia Binacional México-Estados Unidos, 16/11/01.

Es nuestro deber ponerle rostro humano a la globalización.

IV Congreso internacional de negocios, 22/2/02.

La globalización ha motivado la evolución de la familia y la de sus integrantes.

Mesa interinstitucional para el diagnóstico sobre la familia mexicana, 14/8/03.

La globalización les abre la puerta y las ventanas a las oportunidades para las mujeres.

Esposas y esposos de líderes del Foro de Cooperación Económica Asia-Pacífico (APEC), 27/10/02.

La globalización nos acerca a la democratización del conocimiento.

El papel de la radio pública en la sociedad globalizada, 12/6/02.

Grupos vulnerables

Las niñas, los niños, las personas con alguna discapacidad, los adultos mayores y las mujeres en condiciones de inseguridad, son grupos vulnerables cuya atención requiere de estrategias y acciones gubernamentales y sociales cada vez más audaces, más creativas y de mayor impacto.

Desarrollo Integral de la Familia (DIF) Morelos, 7/10/03.

Urge intercambiar experiencias para mejorar la calidad de los servicios asistenciales e implementar nuevas estrategias de apoyo a los grupos vulnerables en municipios y localidades.

II Congreso nacional Compartir para construir, 10/4/03.

Los gobiernos no lo pueden todo, ni la sociedad puede sola. Es imperativo que trabajen de manera conjunta y coordinada para encontrar soluciones a los problemas: los grupos vulnerables no pueden esperar más y deben ponerse de acuerdo.

Desarrollo Integral de la Familia (DIF) Yucatán, 22/7/03.

Las empresas se fortalecen y el gobierno cumple de modo más eficiente con su responsabilidad con los grupos más vulnerables de nuestra población, si ambos actúan conjuntamente.

Cámara Mexicana de la Industria de la Construcción (CMIC) y
Consejo Nacional contra las Adicciones (Conadic), 26/8/03.

Hogar

La verdadera democracia empieza en el hogar que construimos con la pareja, con nuestras hijas e hijos.

Convención Elektra 2003, 22/9/03.

Indígenas

Los pueblos indígenas le dan a México soporte cultural y una gran riqueza espiritual.

Niños indígenas, 1/5/03.

Las tradiciones y el talento artístico de nuestras comunidades indígenas, siguen vivos.

Exposición de artesanías en el Palacio Toscana, 11/10/01.

Los indígenas nos demuestran que, a través del trabajo conjunto, podemos ser un país grande. Ellos nos enseñan qué es la verdadera participación social y cómo se transforma en democracia participativa.

Sociedad cooperativa agropecuaria regional Tosepan Titata Nisque, 10/11/03.

Los pueblos indígenas esperan reconocimiento y oportunidades para mostrar que, a partir de su propia cultura, ellos son agentes de cambio, de crecimiento y desarrollo.

Albergue Telpochcalli, 5/2/03.

Es alarmante que en las sociedades indígenas, el alcohol sea uno de los principales elementos generadores de la violencia, sobre todo contra las mujeres y los niños.

Programa de prevención del abuso en consumo de bebidas alcohólicas y alcoholismo en población indígena, 11/6/02.

Hay hogares indígenas en los que los papás o los esposos llegan borrachos. Esto acarrea problemas de maltrato a las mujeres y a los niños.

Programa de prevención del abuso en consumo de bebidas alcohólicas y alcoholismo en población indígena, 11/6/02.

Estamos obligados a colaborar para que la gran riqueza cultural de los pueblos indígenas, que es más importante que la material, se refuerce con educación.

Niños indígenas, 1/5/03.

Los pueblos indígenas realizan un enorme esfuerzo diario para mejorar sus condiciones de vida. Su trabajo debe ser debidamente remunerado.

Programa de prevención del abuso en consumo de bebidas alcohólicas y alcoholismo en población indígena, 11/6/02.

Jóvenes

Los jóvenes, hombres y mujeres, son la fuerza más importante conque cuenta nuestro país.

Premiación del concurso Las mujeres desde los ojos de la juventud, 17/11/03.

Los jóvenes son nuestra gran ventana al futuro; si ellos se preparan, México no tendrá problemas el día de mañana.

Encuentro con alumnos de escuelas secundarias, 15/8/02.

Los ojos de la juventud perciben mejor la realidad que les rodea por su energía, por su capacidad crítica, y, sobre todo, por sus ganas de transformar al mundo.

Concurso Instituto Mexicano de la Juventud (Injuve) e Instituto Nacional de las Mujeres (Inmujeres), 17/10/02.

En los jóvenes, hombres y mujeres, tenemos puestas muchas de nuestras mayores esperanzas.

Concurso Instituto Mexicano de la Juventud (Injuve) e
Instituto Nacional de las Mujeres (Inmujeres), 17/10/02.

¡Aprovechemos la vitalidad de los jóvenes, hombres y mujeres! ¡Pongamos una mayor atención a sus rostros y a sus miradas! Sus ojos reflejan una realidad que aún los deja insatisfechos.

Concurso Instituto Mexicano de la Juventud (Injuve) e
Instituto Nacional de las Mujeres (Inmujeres), 17/10/02.

¡Con justa razón los jóvenes exigen su derecho a la educación de calidad, a la salud, al trabajo, a la equidad y a las oportunidades necesarias para alcanzar una vida a la altura de sus propias expectativas!

Instituto Nacional de las Mujeres (Inmujeres)
Instituto Mexicano de la Juventud (Injuve), 17/11/03.

Debe promoverse que los jóvenes completen sus estudios, en vez de abandonarlos para irse a trabajar.

Encuentro con alumnos de escuelas secundarias, 15/8/02.

93

Es necesario abrirles más oportunidades: ustedes, jóvenes, representan nuestro futuro más cercano.

Concurso Instituto Mexicano de la Juventud (Injuve) e
Instituto Nacional de las Mujeres (Inmujeres), 17/10/02.

Los tiempos del cambio son tiempos de corresponsabilidad y de trabajo en equipo. La juventud es y debe seguir siendo parte activa de este proceso de transformación.

Concurso Instituto Mexicano de la Juventud (Injuve) e
Instituto Nacional de las Mujeres (Inmujeres), 17/10/02.

La influencia de los jóvenes será determinante para evitar caer en modelos sociales que hemos superado y a los que no queremos volver.

Concurso Instituto Mexicano de la Juventud (Injuve) e
Instituto Nacional de las Mujeres (Inmujeres), 17/10/02.

La juventud de México está desempeñando un rol central en las batallas que estamos librando en favor de la equidad de género.

Concurso Instituto Mexicano de la Juventud (Injuve) e
Instituto Nacional de las Mujeres (Inmujeres), 17/10/02.

Las necesidades de los jóvenes son muchas, diversas y difíciles de satisfacer porque los recursos son escasos.

Conferencia de Esposas de Jefes de Estado y de Gobierno de las Américas, 16/11/02.

Los jóvenes deben tener una vida digna y no encontrar la muerte a través de las adicciones.

VI Reunión del Centro Mexicano para la Filantropía, 27/11/02.

Estoy convencida que los jóvenes luchan por la justicia y la modernización de las instituciones para poder cumplir, puntualmente, con sus responsabilidades.

Concurso Instituto Mexicano de la Juventud (Injuve) e
Instituto Nacional de las Mujeres (Inmujeres), 17/10/02.

Los jóvenes hablan con entusiasmo y compromiso de lo que significan los valores de la responsabilidad, la disciplina, la honestidad y la generosidad.

Encuentro con alumnos de escuelas secundarias 15/8/02.

La generación de los jóvenes actuales tiene, ahora, un marco de libertades sin precedente:

Se han tomado medidas que favorecen la equidad entre hombres y mujeres.

Se han generado políticas más audaces para darles el mayor número de oportunidades.

Tienen un gobierno que cree en la democracia y predica con el ejemplo.

Instituto Nacional de las Mujeres (Inmujeres) e
Instituto Mexicano de la Juventud (Injuve), 17/11/03.

Kilos de ayuda

Kilos de ayuda es una campaña de justicia social que busca la participación de la sociedad para poder dar alimentos en buen estado a las familias de escasos recursos.

Campaña Kilos de Ayuda 2002, 31/5/02.

Libertad

La libertad es un derecho fundamental. Nadie nos lo otorga. Nacemos con él por nuestra dignidad de seres humanos.

VII Concurso de cartel sobre los derechos de los niños, 4/6/02.

La libertad es una condición esencial de la naturaleza humana; la propia grandeza de la vida resulta inconcebible sin ella.

La libertad es como un mandato de vida, un escenario de realización, una vocación de trascendencia.

Libertad es respeto al pensamiento y a las decisiones de los demás.

La libertad es para la creatividad, para la reflexión y acción.

Libertad para todos los seres humanos.

Libertad para la grandeza.

Libertad para saber vivir.

VII Concurso de cartel sobre los derechos de los niños, 4/6/02.

La libertad debe de ir acompañada de responsabilidad y respeto.

VII Concurso de cartel sobre los derechos de los niños, 4/6/02.

La libertad es origen de la pluralidad.

Gira en Morelia, 3/12/01.

Los triunfadores hacen buen uso de su libertad, desarrollan el sentido de la responsabilidad y cultivan, día a día, una actitud positiva ante la vida.

VII Concurso de cartel sobre los derechos de los niños, 4/6/02.

El México de hoy es consecuencia de la lucha por la libertad, durante años, de muchos mexicanos.

Gira en Morelia, 3/12/01.

Mexicanas y mexicanos

Los mexicanos somos una mezcla de europeos, indígenas americanos y otros. Somos una buena mezcla, una maravillosa mezcla que nos hace estar llenos de arrojo, de valores, de energía, de amor y de gran sed de ser cada vez mejores.

Recibimiento de placa francesa como Visitante Distinguida, 15/11/02.

¡Atrevámonos, mexicanos, a sumar esfuerzos, energías, capacidades y talentos! ¡Seamos portavoces y promotores de la igualdad de oportunidades! ¡Participemos en la construcción de un México justo e incluyente!

Día internacional de discapacitados, 4/12/01.

El futuro que los mexicanos queremos como nación es viable: estamos derrumbando las principales barreras que impedían la libertad plena, la participación ciudadana, la equidad y la igualdad.

VI Reunión del Centro Mexicano para la Filantropía, 27/11/02.

¡Promovamos el derecho permanente de todos los mexicanos a la educación, al trabajo, a gozar de un empleo remunerado y al crecimiento profesional!

Día internacional de discapacitados, 4/12/01.

Los mexicanos avanzamos en nuestra lucha por la justicia, la equidad, la inclusión y la apertura de oportunidades para todos. Nadie debe estar excluido, no se debe marginar o discriminar a nadie.

Centro de rehabilitación integral de Querétaro, 26/3/03.

La unidad se refleja en el compromiso de todos los mexicanos con el progreso y el desarrollo de nuestra patria.

Adopta una comunidad, 18/1/02.

¡Impulsemos, mexicanos, la creación de redes sociales, hagamos frentes comunes y sólidos para enfrentar las desigualdades!

Día internacional de discapacitados, 4/12/01.

Mexicanos, demostremos que somos más grandes que nuestros problemas, que tenemos la capacidad de superar cualquier reto, por grande que sea. Demostremos que ¡sí se puede!

Desarrollo Integral de la Familia (DIF) Guanajuato, 8/9/03.

No podemos permitir que las divisiones entre los mexicanos sean las que predominen cuando está de por medio el beneficio del país.

XIII Expobazar artesanías, 26/11/03.

Nos corresponde a todos los mexicanos y a todas las mexicanas poner la mirada en nuestro querido país, en la forma de generar los recursos que hacen tanta falta y en la posibilidad de poner fin a los problemas que no podemos, ni queremos, soportar.

XIII Expobazar artesanías, 26/11/03.

México

México es un país con una gran diversidad cultural, ecológica y geográfica, ello nos exige una gran capacidad de tolerancia y comprensión.

Reunión de discapacitados auditivos, 4/12/01.

México es tierra fértil para las grandes obras, sobre todo cuando tienen que ver con el bienestar y la salud de nuestros niños.

Hospital Shriners, 5/8/03.

México está más allá de los partidos y de las ideologías.

Programa Ayúdame a llegar, 21/2/03.

Dentro de su diversidad geográfica, cultural y lingüística, en México se propicia la convivencia basada en la tolerancia, el respeto y la igualdad.

Exposición de artesanías en el Palacio Toscana, 11/10/01.

La pasividad, apatía y dependencia dañaron sustancialmente a nuestro país.

VI Reunión del Centro Mexicano para la Filantropía, 27/11/02.

El futuro de México empieza con mejores niños y niñas: sanos, bien alimentados y nutridos, con conocimientos y habilidades; que son escuchados y tomados en cuenta; que aportan y enriquecen la vida de los adultos.

Xochitepec, desayunos escolares, 20/8/03.

En México debemos trabajar horas extras por una cultura de equidad, justicia e igualdad para todos.

IV Congreso Internacional Unidos por la Discapacidad, 13/3/02.

Entreguémonos con pasión a construir un país de progreso y de éxito.

VI Reunión del Centro Mexicano para la Filantropía, 27/11/02.

Lo que nuestro país necesita es educación, es salud, es reafirmar su convicción pacifista y de equidad de género. Las mujeres mexicanas somos valiosas y le aportamos mucho a nuestro país en todos los sectores.

Primer Parlamento de las niñas y los niños de México, 4/4/03.

México cambiará cuando cada uno de nosotros, sin importar la posición, deje asomar lo mejor de sí mismo.

Best Buddies, 30/9/02.

México es un hogar que necesita de ciento cuatro millones de ciudadanos conscientes de su ciudadanía y de su amor profundo a la tierra que los vio nacer o a la tierra que los recibió. Es un hogar que necesita del trabajo, del sudor, de las manos, pero también de la inteligencia, del alma y del espíritu de todos quienes lo habitamos.

Cedros del Líbano, 8/1/04.

México necesita transparencia, instituciones fuertes y rendición de cuentas no solamente de su gobierno sino de todas las organizaciones conformadas en la propia sociedad.

Donativos de Tupperware a los niños de la calle, 23/4/03.

México requiere de un gran impulso hacia una cultura de prevención.

Entrega de los Premios GEN del Grupo de Estudios de Nacimiento, 26/11/01.

México será más justo en la medida en que existan menos barreras y divisiones entre los mexicanos; en la medida que erradiquemos la discriminación, combatamos a fondo la pobreza y haya igualdad de oportunidades para todos.

Entrega de silla de ruedas, 5/12/05.

México no tiene mucho futuro si todas y todos no trabajamos por él, con valentía, con coraje y con decisión.

Federación Mexicana de Universitarias (FEMU), 14/5/03.

Para que México esté al día y a la vanguardia, es indispensable poner un hasta aquí a las injusticias. Debemos frenar la inequidad, la marginación, la impunidad, la corrupción y la ignorancia.

Concurso Instituto Mexicano de la Juventud (Injuve) e Instituto Nacional de las Mujeres (Inmujeres), 17/10/02.

Para que se consoliden los procesos de transición de México, tenemos que escuchar a la sociedad y no sólo a las élites.

El papel de la radio pública en la sociedad globalizada, 12/6/02.

Participemos en la construcción del México justo e incluyente que todos deseamos.

Programa de atención a personas con discapacidad, 30/1/02.

Para garantizar la estabilidad política y la gobernabilidad democrática de México, el único camino es enfrentar con decisión el problema de la pobreza.

Encuentro de esposas y esposos de líderes del Foro de
Cooperación Económica Asia-Pacífico (APEC), 26/10/02.

México tiene las bases firmes para construir ese futuro sólido que todos, alguna vez, hemos imaginado.

Desarrollo Integral de la Familia (DIF) Morelos, 7/10/03.

Mujer

El éxito de las mujeres empieza cuando comenzamos a querernos a nosotras mismas. ¡Mujeres, quiéranse como son! ¡Trabajen por ser cada vez mejores! ¡Rechacen a quienes las devalúe! El verdadero valor está en sus corazones, en su capacidad de dar, de amar y servir. Estas capacidades sólo se entienden, si surgen del amor que se tengan a ustedes mismas.

Día internacional de la mujer, 8/3/02.

El potencial de las mujeres se desaprovecha en buena medida. Aún prevalecen viejos obstáculos asociados a esquemas machistas y autoritarios.

VII Encuentro de mujeres del Foro de Cooperación Económica Asia-Pacífico (APEC), 22/8/02.

A la mujer se le permite poco, pero al varón se le permite todo. A las mujeres, en cualquier área de trabajo en las que nos decidimos emprender y llevar a cabo nuestro propio proyecto personal, se nos pone los obstáculos más grandes y los adjetivos más injustos.

Concurso Instituto Mexicano de la Juventud (Injuve) e
Instituto Nacional de las Mujeres (Inmujeres), 17/10/02.

En América Latina, el monto de las prestaciones de las mujeres es inferior al de los hombres, porque sus ingresos son inferiores.

Instituto Nacional para los Adultos Mayores, 30/9/03.

Existen lugares de trabajo en donde no se pone en práctica el principio de que a igual trabajo, igual paga.

Congreso mundial de mujeres empresarias, 30/1/02.

La marginación, la discriminación, el trato inequitativo en el trabajo, la violencia y el abuso son sólo algunos elementos de la desafortunada realidad que todavía vive la mujer mexicana.

*Concurso Instituto Mexicano de la Juventud (Injuve) e
Instituto Nacional de las Mujeres (Inmujeres), 17/10/02.*

Debemos promover que aquéllas mujeres que participan en el mercado de trabajo se vean libres de obstáculos, de discriminación o de cualquier tipo de desventaja.

Foro Internacional Mujer Trabajadora Siglo XXI, 17/9/01.

Alentar un cambio sólo a través de los hombres, deja sin tocar grandes aspectos de la vida comunitaria. Sin la incorporación de la población femenina y sin su compromiso, cualquier esfuerzo por el desarrollo se verá limitado.

*III Congreso Internacional del Centro de Estudios y
Formación Integral de la Mujer (CEFIM), 6/10/03.*

Nuestra lucha no es contra los hombres sino junto con ellos.

Congreso mundial de mujeres empresarias, 30/1/02.

Caminemos al lado de los hombres. Convenzámoslos de que somos sus aliadas solidarias y de que juntos podremos obtener mejores resultados.

Mujeres por Nuevo León, 5/9/03.

El mayor rezago educativo de las mujeres está en los grupos de mayor edad, un reto que sólo podrá superarse con sistemas innovadores y flexibles.

Foro internacional Mujer Trabajadora Siglo XXI, 17/9/01.

Doce millones de mexicanas asumen una dualidad de responsabilidades: trabajan y realizan quehaceres domésticos. Otras ochocientas mil trabajan, realizan quehaceres domésticos y además estudian.

Foro internacional Mujer Trabajadora Siglo XXI, 17/9/01.

El acceso a la educación, al conocimiento y a la tecnología permite a las mujeres liberarse de ataduras que les fueron impuestas cuando se aseguraba que eran el sexo débil.

Reconocimiento Mujer del año, 10/12/03.

No cometamos errores con nuestra familia, con nuestra pareja, con nuestra comunidad, menos aún con las mujeres. Hemos pagado muy cara la rivalidad. Démonos la mano y sigamos adelante trabajando como mujeres unidas que somos, este país, esta comunidad, nuestras familias nos necesitan.

Mujeres por Nuevo León, 5/9/03.

El trabajo de la mujer es un factor primordial para que el país siga avanzando.

Convención Elektra 2003, 22/9/03.

El trabajo del hogar es devaluado. Existe una enorme cantidad de hombres que siguen sin comprometerse con sus parejas por considerar que se trata de una actividad femenina.

Foro internacional Mujer Trabajadora Siglo XXI, 17/9/01.

En las tres últimas décadas, la inserción de la mujer en la actividad económica pasó del 15% al 36%.

II Congreso internacional sobre La familia hoy, derechos y deberes, *7/11/03.*

En ocasiones, cuando las mujeres alcanzamos ciertos puestos de representación importante, se nos olvida que somos mujeres y empezamos a actuar como varones. En esas circunstancias, amigas mías, perdemos todo.

III Congreso Internacional del Centro de Estudios y Formación Integral de la Mujer (CEFIM), 6/10/03.

En sólo 30 años, las mujeres hemos duplicado nuestra participación en el campo laboral. En ese mismo lapso hemos triplicado nuestra participación como jefas responsables de hogares mexicanos. Ahora, el trabajo extra-doméstico constituye una variable que se mide y discute como factor de cambio social.

Asociación Mexicana de Mujeres Ejecutivas (AMME), 1/10/03.

Encontremos en nosotras, de manera individual y colectiva, el valor para romper paradigmas; para hacer valer nuestra dignidad y elevar nuestra autoestima.

Día internacional de la mujer, 8/3/02.

Gracias a las mujeres luchadoras del siglo XX, a su compromiso y convicción, el nuevo siglo nos mira con mayores espacios de libertad, movilidad y oportunidades.

Congreso mundial de mujeres empresarias, 30/1/02.

Hay mujeres campesinas, mujeres indígenas, amas de casa, obreras, técnicas, profesionistas, servidoras públicas, empresarias y dirigentes de organizaciones sociales, por mencionar sólo a algunas, que han dado pasos descomunales en favor de la lucha femenina.

Mujer promotora del cambio Seminario de Estudios de Administración Aplicada (Edac), 8/5/03.

La decisión de participar en actividades productivas fuera del hogar es una prerrogativa personal de la mujer.

Foro internacional Mujer Trabajadora Siglo XXI, 17/9/01.

La emancipación y el empoderamiento comienzan en el interior de cada mujer.

Día internacional de la mujer, 8/3/02.

La historia de las mujeres en el siglo pasado fue un parteaguas en la historia de la humanidad. Miles de mujeres pagaron hasta con su vida las conquistas de la igualdad jurídica, el derecho al sufragio y la participación pública.

Congreso mundial de mujeres empresarias, 30/1/02.

La incorporación de las mujeres al ámbito productivo no la aparta totalmente del trabajo en el hogar y del cuidado de los hijos.

Esposas y esposos de líderes del Foro de Cooperación Económica Asia-Pacífico (APEC), 27/10/02.

La intervención de las mujeres es importante para el desarrollo de la sociedad por la aportación que pueden hacer a favor de los grupos más vulnerables.

Conferencia de Esposas de Jefes de Estado y de gobierno de las Américas, 13/1/04.

La lucha de las mujeres debe ser pacífica, al lado de los hombres. Siempre serán preferibles el diálogo y el acuerdo, al conflicto. Las mujeres hemos sido pacientes, ahora exigimos cambios a plazos más cortos o inmediatos.

Mujer promotora del cambio Seminario de Estudios de Administración Aplicada (Edac), 8/5/03.

La lucha que por la igualdad libramos las mujeres se ha convertido en un gran movimiento social.

V Aniversario de la Cumbre de microcrédito, 10/11/02.

La participación de las mujeres en actividades productivas fuera del hogar es un fenómeno que ha ido en aumento.

Visita a la guardería para hijos de periodistas, 1/10/03.

La verdadera democracia empieza en el espacio que construimos con la pareja, con nuestras hijas e hijos.

Convención Elektra 2003, 22/9/03.

Las mujeres debemos afirmar nuestras características femeninas y nuestros valores.

III Congreso internacional del Centro de Estudios y Formación Integral de la Mujer (CEFIM), 6/10/03.

Las mujeres debemos aprender de nuestros errores para ser cada vez mejores. Debemos entender que todos los días tenemos la oportunidad de aprender, de aportar y de realizarnos como mujeres valiosas.

III Congreso internacional del Centro de Estudios y Formación Integral de la Mujer (CEFIM), 6/10/03.

Las mujeres debemos ser conscientes de lo que valemos como seres humanos.

Conversación con Adela Micha, 13/8/01.

Las mujeres debemos ser ejemplo de integridad, de capacidad, de disciplina, de éxito, de promoción de la dignidad de las personas, de sencillez y sensibilidad ante dolor y al anhelo humano.

Día internacional de la mujer, 8/3/02.

Las mujeres emprendedoras han podido convertir en realidad sus propósitos; han sabido sortear y librar obstáculos para cristalizar grandes sueños. Las mujeres emprendedoras son, sin duda, extraordinarios motores del desarrollo y parte fundamental de la fuerza productiva de las naciones.

Congreso mundial de mujeres empresarias, 30/1/02.

Las mujeres hemos luchado durante mucho tiempo para que nuestros derechos más elementales sean reconocidos.

Por una vida sin violencia, 25/11/02.

Las mujeres hemos sido siempre parte importante de la vida productiva de nuestras familias, de nuestras comunidades y de nuestros países. Sin embargo, en pocas ocasiones se nos ha dado el lugar que nos corresponde.

Asociación Mexicana de Mujeres Ejecutivas (AMME), 1/10/03.

Las mujeres nos caracterizamos por dar cohesión a la familia, por ser punto de unidad, por saber sumar y multiplicar para el bien de los nuestros.

Congreso mundial de mujeres empresarias, 30/1/02.

Muchas mujeres preferimos convencer antes que imponer; proponer antes que azorar.

V Aniversario de la Cumbre de microcrédito, 10/11/02.

Las mujeres que trabajan doble y triple jornada deben gozar de condiciones que se las faciliten y reduzcan sus pesadas cargas de trabajo.

Foro Internacional Mujer Trabajadora Siglo XXI, 17/9/01.

Las mujeres queremos que se respeten nuestros derechos, no que se nos impongan criterios o comportamientos de vida. Queremos igualdad de oportunidades, no concesiones limitadas o selectivas.

Asociación Mexicana de Mujeres Empresarias (Ammje), 28/2/03.

Las mujeres queremos que se respeten plenamente nuestros legítimos derechos como personas y ciudadanas.

Esposas y esposos de líderes del Foro de Cooperación Económica Asia-Pacífico (APEC), 27/10/02.

Las mujeres reclamamos respeto, exigimos un trato digno.

III Congreso internacional del Centro de Estudios y Formación Integral de la Mujer (CEFIM), 6/10/03.

Las mujeres seguimos avanzando con la pasión y la energía que a nosotras nos caracteriza. ¡Sigamos demostrando nuestra capacidad para transformar los retos en verdaderas oportunidades!

Asociación Mexicana de Mujeres Ejecutivas (AMME), 1/10/03.

Las mujeres representamos un papel de protección y de cohesión y armonía familiar por nuestra enorme capacidad de amar, de unir lazos y corazones; por nuestra capacidad de compartir, de perdonar, de dar y de darnos buscando siempre el bien y la felicidad de los nuestros.

III Congreso internacional del Centro de Estudios y Formación Integral de la Mujer (CEFIM), 6/10/03.

Las mujeres somos capaces de engendrar vida, de desafiar y de enfrentarnos a lo desconocido. Somos capaces de convivir con lo diverso siendo incluyentes y conciliadoras.

Día internacional de la mujer, 8/3/02.

Las mujeres somos dadoras de vida, promotoras de proyectos, transmisoras de valores y de esquemas de realización vital.

Federación Mexicana de Universitarias (Femu),14/5/03.

Las mujeres somos promotoras del cambio. Por nuestro trabajo y liderazgo, el mundo es mejor que antes. Nuestra lucha a favor de la equidad está generando buenos dividendos.

Mujer promotora del cambio Seminario de Estudios de Administración Aplicada (Edac), 8/5/03.

Las mujeres somos sujetos de crédito porque sabemos cumplir y tenemos una gran capacidad para administrar bien los recursos.

V Aniversario de la Cumbre de microcrédito, 10/11/02.

Las mujeres tenemos la capacidad de convertir lo micro en macro.

V Aniversario de la Cumbre de microcrédito, 10/11/02.

Las mujeres tenemos mucho que aprender acerca de nosotras mismas: necesitamos valorarnos, darnos cuenta que valemos mucho.

Fundación Servicio Educación y Desarrollo a la Comunidad (Sedac), 11/3/03.

Las mujeres tenemos un motor interno que genera pasión, amor y entrega. Nosotras sabemos qué es dar a los demás, qué es darnos física y espiritualmente; sabemos qué significa entregarnos a las obras que queremos y a los seres que amamos.

Convención Elektra 2003, 22/9/03.

Muchas mujeres tenemos voluntad, capacidad, responsabilidad, compromiso y amor para desempeñar un buen papel al lado de los hombres.

Esposas y esposos de líderes del Foro de Cooperación Económica Asia-Pacífico (APEC), 27/10/02.

Las mujeres tenemos mayores posibilidades que los hombres de caer bajo la línea de pobreza; también una mayor esperanza de vida que ellos.

Instituto Nacional para los Adultos Mayores, 30/9/03.

¡Mi admiración por todas y cada una de ustedes, mujeres emprendedoras, que han aprovechado enormemente su creatividad, talentos, recursos, conocimientos, capacidad de dirigir, y su liderazgo, para emprender pequeñas, medianas y grandes empresas!

Congreso mundial de mujeres empresarias, 30/1/02.

Las capacidades de las mujeres les han abierto las puertas para incursionar en ámbitos que en el pasado eran monopolio de los hombres.

VII Encuentro de mujeres del Foro de Cooperación Económica Asia-Pacífico (APEC), 22/8/02.

Publicaciones como *La Enciclopedia de la Mujer del Siglo XX: La otra Revolución*, se suman a otros testimonios que han dado las mujeres a través de su trabajo en las empresas, en las fábricas, en el hogar, en el gobierno y en la cultura.

Entrega de La Enciclopedia de la Mujer del Siglo XX, 19/9/01.

¿Quién mejor que nosotras, las mujeres, para trabajar con amor y con cariño, para estar en el hogar cuando llega el esposo, para impulsar a nuestros hijos, para asumir compromisos?

Conversación con Adela Micha, 13/8/01.

¡Reforcemos la franqueza, la confianza, la capacitación permanente, la comprensión, la creatividad y la sensibilidad que hemos incorporado a nuestro estilo de liderazgo!

Día internacional de la mujer, 8/3/02.

Si las mujeres no nos respetamos seguiremos siendo víctimas de lo más ruin del ser humano: se nos seguirá usando, se nos considerará objetos de placer y no personas dignas, honestas y valiosas.

Donativos de Tupperware a los niños de la calle, 23/4/03.

Sobre las espaldas de las mujeres, cuando sus parejas son trabajadores migrantes, recae la responsabilidad de generar ingresos para la supervivencia y además el cuidado de los hijos e hijas y la limpieza del hogar.

Foro Internacional Mujer Trabajadora Siglo XXI, 17/9/01.

¡Sumemos nuestros talentos, recursos y capacidades en beneficio de las mujeres, especialmente de las mujeres y niñas que están en condiciones de pobreza extrema!

Congreso mundial de mujeres empresarias, 30/1/02.

Las mujeres tenemos mucho qué hacer, mucho qué decir, más allá de las cuatro paredes de nuestro hogar.

Desarrollo Integral de la Familia (DIF) Morelos, 7/10/03.

Uno de cada cinco días de ausencia laboral femenina se debe a golpes o vejaciones.

Por una vida sin violencia, 25/11/02.

Uno de cada cuatro hogares está encabezado por una mujer y en más de once millones de familias, las mujeres son el principal soporte económico.

Día internacional de la mujer, 8/3/03.

Mujer en política

Muy pronto desaparecerá el mito de que el país no está preparado para ser gobernado por una mujer.

Seminario Mujer, liderazgo y poder, *3/10/03.*

Las mujeres tenemos ahora la libertad de hablar sobre el poder, pero no fuimos educadas para ejercerlo. Antes sólo podíamos mostrar sumisión y sometimiento.

Seminario Mujer, liderazgo y poder, *3/10/03.*

Las mujeres debemos seguir trabajando para ocupar puestos de decisión en el país.

IV Congreso internacional de negocios, 22/2/02.

Las mujeres queremos igualdad, poder, respeto a nuestros derechos esenciales, educación, salud y trabajo. En suma, queremos oportunidades de participación en el proceso social que nos afecta.

Foro de asuntos americanos, 22/7/03.

Las mujeres que estamos en el corazón del servicio político y social no podemos permanecer ajenas o distantes a las necesidades de los grupos más vulnerables de nuestras sociedades.

Conferencia en la recepción de Jefes de Estado, 28/1/02.

Cualquier puesto que ocupamos las mujeres, sea éste de ama de casa o encumbrada política, lo hemos conquistado con esfuerzo, preparándonos con disciplina y enfrentando retos.

Concurso Instituto Mexicano de la Juventud (Injuve) e
Instituto Nacional de las Mujeres (Inmujeres), 17/10/02.

El hecho de que las mujeres incursionemos con éxito en la política y en la economía constituye un logro más en la lucha por la igualdad de género.

VII Encuentro de mujeres del Foro de Cooperación Económica Asia-Pacífico (APEC), 22/8/02.

El liderazgo femenino es una condición indispensable para alcanzar las metas de largo plazo. Para que exista, es necesario que esté acompañado del compromiso y ¿por qué no decirlo?, del poder.

Mujeres por Nuevo León, 5/9/03.

El poder es indispensable para alcanzar nuestros principales objetivos.

Mujer promotora del cambio Seminario de Estudios de
Administración Aplicada (Edac), 8/5/03.

¡Empoderémonos! ¡Sigamos adelante! ¡Trabajemos intensamente, con el entusiasmo y la capacidad de amar que nos caracteriza a nosotras las mujeres!

Mujeres por Nuevo León, 5/9/03.

En el último tramo del siglo XX y en el arranque del XXI, las mujeres hemos sido factor de cambio al colocar en el centro de la acción política, con aspiraciones de equidad y de justicia, a las personas y sus necesidades.

Asociación Mexicana de Mujeres Ejecutivas (AMME), 1/10/03.

En una encuesta mundial, el 75% de los encuestados dijo creer que en los próximos veinte años, una mujer sería elegida presidenta de su país. Más de la mitad opinó que sus países se beneficiarían con una mayor presencia de mujeres en cargos públicos.

Seminario Mujer, liderazgo y poder, *3/10/03.*

En una encuesta reciente, la mayoría aseguró que votaría por una candidata mujer para la Presidencia, para las alcaldías o el liderazgo comunitario.

Seminario Mujer, liderazgo y poder, *3/10/03.*

La contribución de las mujeres es esencial en las transformaciones actuales en las vidas personales, en la familia, en la política, en la vida económica, en la cultura y en las relaciones internacionales.

Seminario Mujer, liderazgo y poder, *3/10/03.*

Las mujeres necesitamos de poder real, poder económico, político y social. Después de tanto tiempo de inequidad, debemos ser independientes, capaces y responsables y trabajar para obtener poder.

Mujer promotora del cambio Seminario de Estudios de
Administración Aplicada (Edac), 8/5/03.

Las mujeres tenemos que intervenir en los espacios económicos, financieros, políticos, sociales y culturales, porque desde ahí podemos orientar, marcar caminos, promover cambios y definir rumbos.

Seminario Mujer, liderazgo y poder, *3/10/03.*

Mantengámonos firmes en nuestras convicciones democráticas, promovamos una mayor participación de la sociedad en las tomas de decisión nacionales y alentemos una actitud emprendedora.

Mujer Emprendedora, Fondo Nacional de Apoyo a las Empresas en Solidaridad (Fonaes), 19/2/03.

Negarnos a las mujeres la posibilidad de ejercer el liderazgo, cuando tenemos las mismas capacidades que los hombres, es un atentado contra los valores esenciales de la democracia que son la libertad y la igualdad.

Mujer promotora del cambio, Seminario de Estudios de Administración Aplicada (Edac), 8/5/03.

Información es poder. Con información tomamos decisiones acertadas. Una de las razones por la que la lucha de la mujer camina a paso acelerado, es su reciente incorporación al mundo de la información.

Asociación Mexicana de Mujeres Ejecutivas (AMME), 1/10/03.

Mundo

Ante la globalización y el cambio continuo, el mundo es cada vez más pequeño, interdependiente y complejo.

Portal en Internet del Centro Mexicano para la Filantropía (Cemefi), 25/6/02.

¡Cultivemos la fe y la espiritualidad! Es lo único que mueve al mundo y por lo que vale la pena vivir.

Centro Nacional de Derechos Humanos, 21/10/02.

El mundo se transforma a velocidades que asombran a quienes hemos vivido la mayor parte de nuestra vida en el siglo pasado.

Asociación Hispana de Universidades (Hacu), 28/7/03.

En el mundo que todos deseamos, todos debemos de tener las mismas oportunidades y ser tratados con dignidad, por diferentes que seamos.

IV Congreso Internacional Unidos por la discapacidad, 13/3/02.

La realidad parece ir más deprisa que nuestra capacidad de comprenderla, controlarla y transformarla.

Asociación Hispana de Universidades (Hacu), 28/7/03.

Las grandes oportunidades que el mundo nos ofrece son resultado de la inteligencia, el talento, el compromiso y amor por la vida que tenemos la mayoría de los seres humanos.

Innovaciones educativas, 28/3/03.

Los problemas que acompañan el desarrollo crecen con más velocidad que los avances tecnológicos, científicos y del conocimiento.

Asociación Hispana de Universidades (Hacu), 28/7/03.

Nadie debe estar marginado de los beneficios de las innovaciones del pensamiento, el conocimiento y la tecnología.

Innovaciones educativas, 28/3/03.

110 Niñez

¡Cuán hermoso y maravilloso debe ser para ustedes emprender esta aventura de la vida rodeados de una mamá y un papá que les dan cariño, amor, fortaleza y ánimo para ser hombres y mujeres de bien!

XXV Edición del concurso El Niño y la Mar, 22/7/02.

El maltrato a niñas y a niños es inaceptable, indigno de un ser humano, una verdadera vergüenza.

Centro de Atención Integral Capullos para niñas y niños en situación de calle, 15/5/03.

El silencio, la ignorancia, la falta de información, el temor y la zozobra, son algunos obstáculos que impiden la aplicación estricta de la justicia frente al maltrato a niñas y a niños.

Centro de Atención Integral Capullos para niñas y niños en situación de calle, 15/5/03.

Invertir en la niñez, es invertir en el futuro.

Campaña del Fondo de las Naciones Unidas para la Infancia (UNICEF)
Primero los niños, 9/10/01.

La niñez necesita protección, certidumbre, formación integral y deporte.

Fomento deportivo y capacitación para la vida, 2/5/03.

La sociedad civil, los empresarios, los medios de comunicación, el gobierno, todos deben hacer lo que está de su parte para mantener vivos, seguros y protegidos a quienes son la esperanza y el aliento de México: las niñas y niños mexicanos.

Convenio Sistema Nacional para el Desarrollo Integral de la Familia (DIF) y
Procuraduría General de la República (PGR), 15/8/01.

La sociedad civil organizada debe unirse a favor de los desprotegidos, de los más pobres y de los que sufren. Debemos firmar pactos de colaboración para trabajar unidos por los niños y niñas mexicanos y de todos los países del mundo.

Campaña del Fondo de las Naciones Unidas para la Infancia (UNICEF)
Primero los niños, 9/10/01.

Las niñas tienen la responsabilidad de prepararse y dar muestra de sus distintas y muy ricas capacidades.

Los adultos tenemos la responsabilidad de asegurarles a ellas un país donde crecer dignamente.

Las empresas tienen la responsabilidad de generarles oportunidades laborales e invertir en el desarrollo de sus comunidades y los gobiernos la de manifestar la voluntad y la decisión política para propiciar la seguridad y el ambiente que se requiere para que todo esto sea posible.

Todos debemos trabajar de manera coordinada.

Día internacional de la mujer, 8/3/02.

Los niños aprenden y crecen integralmente cuando se ven rodeados de afecto.

Visita a la guardería para hijos de periodistas, 1/10/03.

Los niños que crecen en un ambiente de atención, de confianza y de cariño tienen mayor autoestima y mejores posibilidades de desarrollar su potencial.

IV Conferencia Binacional México-Estados Unidos, 16/11/01.

Los niños que viven en la calle viven en la desolación, el abandono y la falta de cariño. En la calle ellos sólo encuentran drogas, sustancias tóxicas, inhalantes, pastillas e inyecciones.

Fundación Casa Alianza de México, 6/11/02.

Los niños tienen derecho a tener una vida de calidad, una vida sin ultrajes, sin violencia, ni violaciones de ninguna naturaleza.

VII Concurso de cartel sobre los derechos de los niños, 4/6/02.

Los niños y las niñas plasman en un dibujo lo que llevan en el alma, lo que llevan en la imaginación.

XXV Edición del concurso El Niño y la Mar, *22/7/02.*

Si alguno de nosotros pasa con indiferencia al frente de un niño que sufre, habrá de cargar en la conciencia la gran culpa de la omisión.

Fundación Casa Alianza de México, 6/11/02.

Siempre se escucharán mejor y más fuerte muchas voces que, en el mismo tono, abogan por la misma causa. Exhorto a las niñas, a los niños, a las asociaciones, a los estudiantes, a las amas de casa, a los padres de familia, a los empresarios, a los obreros, a los maestros y a todos los ciudadanos a unir sus voces y demandar una mejor calidad de vida para que las y los niños de México, de América y del mundo puedan vivir con dignidad.

Fondo de las Naciones Unidas para la Infancia (UNICEF), 11/12/01.

Oportunidades

La generación de oportunidades para todos es el instrumento más adecuado para disminuir la brecha entre riqueza y pobreza y para que los grupos vulnerables puedan tener una vida digna.

Desarrollo Integral de la Familia (DIF) Morelos, 7/10/03.

Nuestra apuesta básica debe ser por todo aquello que contribuya a disminuir la brecha económica que separa a mexicanos.

Campaña por las bibliotecas mexicanas, 8/4/02.

Organizaciones de la sociedad civil

Las organizaciones civiles son reflejo de la solidaridad y la vocación de servicio de los mexicanos.

I Foro internacional sobre participación social, 13/9/02.

Muchas organizaciones civiles trabajan con honestidad y amor.

Donativos de Tupperware a los niños de la calle, 23/4/03.

Necesitamos medir el impacto económico y social de las organizaciones civiles para conocer su aportación real.

Donativos de Tupperware a los niños de la calle, 23/4/03.

Todas, absolutamente todas las organizaciones civiles deben rendir cuentas y ser transparentes por obligación y sobre todo, por convicción.

Donativos de Tupperware a los niños de la calle, 23/4/03.

Participación social

La participación social es la columna vertebral de la democracia.

I Foro internacional sobre participación social, 13/9/02.

La participación social es uno de los pilares esenciales del sistema político actual.

I Foro internacional sobre participación social, 13/9/02.

La participación social ha aumentado gracias a que se comprendió que el verdadero cambio sólo se da cuando todos los grupos y sectores de la sociedad trabajan de manera conjunta.

Desarrollo Integral de la Familia (DIF) Guanajuato, 8/9/03.

Persona

Las personas son lo más importante de una escuela, de una familia, de una colonia y de un equipo. Con la suma de lo que cada persona puede aportar se forman grandes redes de talento, de valores y de cooperación mutua.

Xochitepec, desayunos escolares, 20/8/03.

Todos los seres humanos son dignos desde el momento que nacen.

Cedros del Líbano, 8/1/04.

La persona humana no funciona correctamente si sólo satisface sus necesidades materiales y deja de lado aquellas que le son propias como ser humano.

Gente ayudando gente, 15/8/03.

La persona que no es feliz, difícilmente es generosa. Una persona generosa, difícilmente deja de ser feliz.

Cedros del Líbano, 8/1/04.

Las personas necesitamos, además del bienestar material, amor, ternura y alegría. Necesitamos también compartir y participar.

Gente ayudando gente, 15/8/03.

Las personas no podemos vivir, ni mejorar, ni crecer, ni podemos desarrollarnos, sin emociones.

Gente ayudando gente, 15/8/03.

Las personas tenemos el anhelo innato de dar expresión a nuestras aptitudes, de ser activos y relacionarnos bien con los demás.

Gente ayudando gente, 15/8/03.

Lo más valioso de la persona humana: su dignidad.

Donativos de Tupperware a los niños de la calle, 23/4/03.

Todas las personas estamos hechas para hacer el bien y ser felices. No veo por qué alguna tendría que ser excluida.

Donativos de Tupperware a los niños de la calle, 23/4/03.

Todas las personas somos valiosas. Todas debemos ser libres y tenemos derechos y obligaciones personales, públicas y sociales.

Entrega de equipo médico dental, 16/7/01.

La realización personal involucra el conocimiento, los estudios, la lectura y la escritura.

Programa Hacia un país de lectores, 28/5/02.

Necesitamos mover nuestra actitud de la tolerancia al respeto para aprender unos de otros sin importar que tengamos distintas capacidades.

Entrega de silla de ruedas, 5/12/05.

Las personas con capacidades diferentes nos enseñan a ver la vida con valor, entusiasmo y dedicación.

Día internacional de discapacitados, 1/12/04.

Pobreza

La gente que poco o nada tiene, requiere de mayores oportunidades, no de dádivas o limosnas que sólo resuelven, en forma temporal, su precaria situación.

Conferencia recepción de Jefes de Estado, 28/1/02.

La mejor opción para acabar con la pobreza está en ampliar las oportunidades de desarrollo de toda la población, no en políticas paternalistas o asistenciales del pasado.

Conferencia de Esposas de Jefes de Estado y de Gobierno de las Américas, 16/11/02.

La pobreza cuesta más que promover el crecimiento.

Comunidades marginadas, 4/3/02.

La pobreza nos afecta a todos, a los que carecen de recursos y a quienes los poseen.

Comunidades marginadas, 4/3/02.

Los mexicanos no podemos sentirnos satisfechos mientras toda la población no tenga lo mínimo para vivir dignamente.

Programa de discapacitados, 1/2/02.

La pobreza se puede abatir con mayor rapidez si las organizaciones sociales se enlazan con instituciones gubernamentales, si todos somos corresponsables.

Conferencia de prensa XV Cumbre de Río, 17/8/01.

Política social

La política social es el corazón del proyecto de desarrollo de nuestra nación.

Informe del Sistema Nacional para el Desarrollo Integral de la Familia (DIF), 28/2/03.

La política social es la mejor herramienta para atender los graves problemas que enfrentan los grupos más vulnerables de la población.

Desarrollo Integral de la Familia (DIF) Yucatán, 22/7/03.

La política social tiene éxito cuando está acompañada de la corresponsabilidad, la transparencia y la rendición de cuentas.

Desarrollo Integral de la Familia (DIF) Yucatán, 22/7/03.

Primeras Damas

La tarea de las Primeras Damas es difícil porque enfrenta la crítica, el bloqueo y el cuestionamiento de quienes desean mantenerlas como figuras decorativas.

Conferencia de Esposas de Jefes de Estado y de Gobierno de las Américas, 16/11/02.

Las Primeras Damas están dejando de tener un perfil bajo.

Conferencia recepción de Jefes de Estado, 28/1/02.

Las Primeras Damas no tienen una responsabilidad oficial o un marco legal que establezca con claridad sus derechos y obligaciones.

Conferencia de Esposas de Jefes de Estado y de Gobierno de las Américas, 16/11/02.

Las Primeras Damas podemos seguir el ejemplo de nuestras predecesoras que nos dejaron un legado de capacidad, inteligencia y valor.

Conferencia recepción de Jefes de Estado, 28/1/02.

Las Primeras Damas pueden ser agentes de cambio, al igual que millones de mujeres que trabajan incansablemente por un mundo más justo para todos.

Conferencia de Esposas de Jefes de Estado y de Gobierno de las Américas, 16/11/02.

Las Primeras Damas se han convertido en personajes de servicio con influencia real.

Conferencia recepción de Jefes de Estado, 28/1/02.

Las Primeras Damas tenemos la posibilidad de seguir adelante con la lucha que otras mujeres han librado en contra de la marginación, la inequidad, la violencia y la injusticia.

Conferencia recepción de Jefes de Estado, 28/1/02.

Respeto

Debemos respetarnos a nosotros mismos.

Donativos de Tupperware a los niños de la calle, 23/4/03.

El respeto equilibra, modera y reconoce. El respeto debe presidir nuestras vidas. Necesitamos del respeto para hacer del mundo un lugar mejor.

Centro de rehabilitación integral de Querétaro, 26/3/03.

Responsabilidad

La responsabilidad se nutre del respeto y del amor. La responsabilidad no es un valor para tiempos apacibles sino una premisa del hombre socialmente sensible e inquieto.

Comida en la Asociación Industrial Vallejo, 18/7/02.

Salud

Debemos fomentar una cultura de prevención en la salud: es más fácil prevenir que remediar.

Alcohólicos Anónimos, 16/5/03.

El programa *Arranque Parejo en la Vida* tiene tres objetivos prioritarios: impedir que mueran las madres; proteger la vida de los niños y evitar hasta el setenta por ciento de la discapacidad física y mental.

XI Conferencia de Esposas de Jefes de Estado, 10/9/02.

Empeñar nuestro esfuerzo en la prevención de los defectos al nacimiento, marca un avance significativo hacia la igualdad de oportunidades para todos los mexicanos.

Entrega de los Premios GEN del Grupo de Estudios de Nacimiento, 26/11/01.

En nuestro país hay localidades cuya cultura y tradición exigen que las mujeres que van a dar a luz sean atendidas por parteras.

Programa Arranque Parejo en la Vida y III Semana Nacional de Salud 2003, 27/10/03.

Es inaceptable que en el hogar, en la escuela y en la comunidad estén las principales amenazas contra la salud.

Día internacional de la salud, 7/4/03.

Una contribución a la salud de las mujeres mexicanas es poner a su alcance pastillas de ácido fólico para mejorar su salud durante y después del embarazo y en el transcurso de la vida.

Arranque Parejo en la Vida, 13/11/03.

Sociedad civil

Con su trabajo y esfuerzo, la sociedad civil aceleró el cambio y abrió las puertas a un mejor futuro para todos.

VI Reunión del Centro Mexicano para la Filantropía, 27/11/02.

Es necesario acabar con acciones y actitudes paternalistas y adoptar el esquema de colaboración entre gobierno y sociedad.

Campaña pro empleo del adulto en plenitud 21/8/01.

La sociedad civil debe tener un rol más activo, determinante e influyente en las decisiones públicas para acelerar el acceso de todos los mexicanos a la salud.

I Foro internacional sobre participación social, 13/9/02.

La sociedad civil es el origen y destino de las grandes transformaciones.

Día internacional de la salud, 7/4/03.

La sociedad civil influye y participa cada vez más en las decisiones que la involucran y le afectan.

Programa de apoyo a Organizaciones de la Sociedad Civil, 30/8/02.

La sociedad será más fuerte en la medida en que se fortalezca la participación de las organizaciones sociales en el desarrollo y se definan y consoliden las nuevas estructuras familiares.

Encuentro nacional sobre la familia, 22/11/02.

Las actividades de la sociedad civil son un activo que debemos impulsar con entusiasmo y energía.

Premio Nacional al Voluntario 2003, 22/7/03

Solidaridad

La solidaridad debe ser una actitud permanente.

Desarrollo Integral de la Familia (DIF) Guanajuato, 8/9/03.

La solidaridad pasa por alto las diferencias.

V Informe de Actividades del Sistema Nacional para
el Desarrollo Integral de la Familia (DIF), 20/1/04.

Solidaridad es lealtad, entrega, colaboración. Implica manifestar nuestra emotividad y nuestra sensibilidad en las relaciones con los demás. Se trata de que tu vida, sea mi vida; tus ilusiones, mis ilusiones; tus inquietudes, mis inquietudes. Se trata de que los mexicanos y las mexicanas nos acompañemos y comprometamos para enfrentar juntos los grandes retos de nuestra nación, más allá del gobierno.

Conversación con Adela Micha, 13/8/01.

Tecnología

A través de la computadora y de la Internet, las posibilidades de aprender son casi ilimitadas.

Escuelas de calidad, 4/12/02.

La radio lleva el desarrollo a quienes menos tienen. Es también punto de encuentro y plataforma para el diálogo constructivo.

El papel de la radio pública en la sociedad globalizada, 12/6/02.

La radio pública debe ser una radio profesional, de calidad, veraz, oportuna y dinámica y debe ser planteada como instrumento de servicio social.

El papel de la radio pública en la sociedad globalizada, 12/6/02.

La revolución tecnológica nos ofrece nuevas posibilidades de romper barreras, acortar tiempos y distancias y superar retos.

Innovaciones educativas, 28/3/03.

Trabajo

El trabajo carece de género.

Foro internacional Mujer Trabajadora Siglo XXI, 17/9/01.

El trabajo dignifica al ser humano. Cuando el trabajo es reconocido y estimulado, la productividad se incrementa.

Convención Elektra 2003, 22/9/03.

El trabajo es más productivo cuando lo realiza una persona contenta consigo misma.

Convención Elektra 2003, 22/9/03.

El trabajo libera.

V Aniversario de la Cumbre de microcrédito, 10/11/02.

El verdadero trabajo tiene como base el servicio, la responsabilidad social y la solidaridad.

Informe final de la Colecta 2001 de la Cruz Roja Mexicana, 23/8/01.

Trabajar es realizar lo que imagino; es una herramienta para descubrir lo que tengo dentro.

Convenio entre la Secretaría de Economía y la Cervecería Cuauhtémoc Moctezuma, 14/8/03.

Una fuente propia de ingresos equivale a independencia y autoestima.

Campaña pro empleo del adulto en plenitud 21/8/01.

Unión

La fragilidad de los seres humanos y su impotencia frente a los fenómenos naturales se contrarresta con la solidaridad, el apoyo y la generosidad conque las personas luchan unidas por una causa común.

Asociación Gilberto, 0/5/02.

Nuestra participación social en las causas que nos unen, debe ser solidaria, pacífica y con fines de ayuda.

Campaña del Fondo de las Naciones Unidas para la Infancia (UNICEF) Primero los Niños, 9/10/01.

¿Qué nos puede motivar si no es el amor a los demás y un objetivo por el que vale la pena trabajar unidos?

Adopta una comunidad, 18/1/02.

Valores

La generosidad, la solidaridad y la participación social son valores sociales esenciales.

V Informe de Actividades del Sistema Nacional para
el Desarrollo Integral de la Familia (DIF), 20/1/04.

Los valores compartidos nos mantienen unidos como nación y propician la reconciliación entre mexicanos y mexicanas.

II Congreso Teletón, 8/8/02.

Los valores los aprendemos en familia.

VII Concurso de cartel sobre los derechos de los niños, 4/6/02.

Los valores mantienen a México en pie.

VII Concurso de cartel sobre los derechos de los niños, 4/6/02.

Vida

La vida debe ser pasión. Si no hay pasión, no hay vida.

VI Reunión del Centro Mexicano para la Filantropía, 27/11/02.

Las grandes oportunidades de la vida se presentan esporádicamente.

II Congreso internacional sobre La familia hoy, derechos y deberes, 7/11/03.

Los ideales dan sentido a la vida.

Convención Elektra 2003, 22/9/03.

Trabajar a favor de la vida significa trabajar a favor de una vida sana y de una vida de calidad.

Arranque Parejo en la Vida, 13/11/03.

Violencia

En México hay violencia en contra de las mujeres en uno de cada tres hogares, sin importar edad, espacio geográfico o nivel socioeconómico.

II Congreso internacional sobre La familia hoy, derechos y deberes, *7/11/03.*

La violencia es la causa principal de la desintegración familiar.

Centro de Atención Integral Capullos para niñas y niños en situación de calle, 15/5/03.

La violencia intrafamiliar es la primera causa de ausentismo entre las mujeres productivas.

II Congreso internacional sobre La familia hoy, derechos y deberes, *7/11/03.*

Vivienda

Existen poco más de veintiún y medio millones de viviendas con un promedio nacional de 4.4 habitantes en cada una. Aunque el 78% son propias, todavía hay mucho que hacer.

Proyecto Jimmy Carter 2004, 7/10/03.

La vida adquiere sentido cuando se construye un hogar, una comunidad de apoyo mutuo, de intercambio recíproco, de confianza, de valores, de corresponsabilidad y solidaridad.

Cámara Nacional de la Industria de Desarrollo y Promoción de Vivienda (Canadevi), 25/10/02.

La vivienda es un preciado bien social. Sus beneficios son múltiples.

Proyecto Jimmy Carter 2004, 7/10/03.

Tener un techo, una casa donde habitar, hace que nos sintamos seguros y protegidos. Un siguiente paso, es que la casa fomente la unidad entre las personas que la habitan.

Cámara Nacional de la Industria de Desarrollo y Promoción de Vivienda (Canadevi), 25/10/02.

Tener una vivienda propia da seguridad a los integrantes de una familia, propicia el crecimiento saludable y fomenta la armonía entre padres e hijos.

Proyecto Jimmy Carter 2004, 7/10/03.

Una vivienda es uno de los requerimientos más importantes para el desarrollo del ser humano: impacta la vida diaria y la estabilidad física y emocional de miles de familias en nuestro país.

Cámara Nacional de la Industria de Desarrollo y Promoción de Vivienda (Canadevi), 25/10/02.

Una vivienda propia es una de las aspiraciones más profundas de una familia, que parte de ahí para construir sus sueños y sus proyectos. En una palabra, el futuro.

Proyecto Jimmy Carter 2004, 7/10/03.

Voluntariado

El servicio voluntario incide en las aspiraciones más nobles del ser humano: la búsqueda de paz, de oportunidades, de seguridad y de justicia para todos.

Portal en Internet del Centro Mexicano para la Filantropía (Cemefi), 25/6/02.

El trabajo desinteresado y generoso debe ser el motor de una sociedad edificada sobre la cultura del dar, de darse, de darnos.

Cancelación del timbre conmemorativo 2001, Año Internacional de los Voluntarios.

El trabajo voluntario es el arte de dar con alegría.

Cancelación del timbre conmemorativo 2001, Año Internacional de los Voluntarios.

El voluntariado es una pieza fundamental para la construcción de la sociedad civil.

Portal en Internet del Centro Mexicano para la Filantropía (CEMEFI), 25/6/02.

El voluntariado juega un papel determinante en el bienestar y progreso de los países pobres o en desarrollo.

Premio nacional al Voluntario 2003, 22/7/03.

En el mundo globalizado, el voluntariado es una forma de sostener y fortalecer los valores humanos de la comunidad, en especial la atención y servicio hacia los demás.

Portal en Internet del Centro Mexicano para la Filantropía (Cemefi), 25/6/02.

La labor voluntaria debe verse como una opción y parte de un proyecto de vida, no como un trabajo asistencial o de tiempo libre.

Cancelación del timbre conmemorativo 2001, Año Internacional de los Voluntarios.

La presencia cada vez mayor del voluntariado en los ámbitos social, político, económico y cultural, es una prueba más de que el cambio no se ha detenido.

Asociación Mexicana de Voluntarios (AMEVAC), 22/7/03.

Zona industrial

En las empresas de las zonas industriales, miles de familias mexicanas encuentran el sostén de sus hogares.

Comida en la Asociación Industrial Vallejo, 18/7/02.

Estoy **convencida de que en un futuro cercano, México será** gobernado por una mujer.

¿Por qué digo esto?

Primero, porque la consigna de las mujeres mexicanas que hoy construyen sus historias en los diferentes rincones del país, es: "se quiere, se puede".

Segundo, porque las organizaciones no gubernamentales, nacionales e internacionales, recomiendan mirar al mundo con "ojos de mujer" para acelerar el desarrollo social y erradicar la pobreza.

A su lado, no detrás

En el campo mexicano, millares de campesinas de todas las edades se organizan en comités y trabajan para que las ayudas del gobierno se traduzcan en bienestar y la corrupción no las desvíe. También abastecen de agua, leña y alimentos a sus familias, como lo han hecho siempre.

Mujeres profesionistas escalan puestos e imponen un nuevo estilo de liderazgo en las industrias, las empresas, las organizaciones civiles y las instituciones oficiales de nuestras ciudades.

En pueblos apartados, indígenas aguerridas rompen con los estereotipos para convertirse en apoderadas legales de microbancos, o conforman grupos de aval mutuo para ser sujetos de crédito.

Todas estas mujeres estudian en las escuelas primarias, secundarias y preparatorias del país; cursan licenciaturas, maestrías y doctorados en carreras humanistas, científicas, de ingeniería o artísticas, con excelentes resultados. Acuden a capacitarse, por millares, en técnicas administrativas o contables que les ayuden a desempeñar sus nuevos trabajos con profesionalismo y eficacia.

Para atender mejor a sus familias, ellas participan en talleres de comunicación, relaciones de pareja, educación de hijos o preparación de alimentos. Para empezar a quererse, leen libros, toman terapias, organizan grupos o van a clases de autoestima.

Las mujeres estamos cambiando: queremos y podemos.

Ojos de mujer

Mirar al mundo con "ojos de mujer", como lo recomienda la ONU, supone diseñar estrategias de desarrollo inspiradas en valores que se manifiestan con esplendor en la maternidad.

Las mujeres dilatamos gratuitamente nuestras entrañas para recibir al nuevo ser. Sin pedirle nada, le permitimos que ocupe nuestro cuerpo, que se alimente y crezca dentro de él. Cuando finalmente alcanza la maduración, lo ayudamos a que se independice y a que se adapte a su nuevo entorno.

Muchos deseamos para nuestras hijas, nuestros hijos, nuestras nietas y nuestros nietos, un mundo cálido y acogedor, como un vientre materno, en donde abunden la dignidad, la corresponsabilidad, la compasión, el apoyo al más necesitado, la libertad, la ética y la sensibilidad.

En un mundo tal, los hombres y las mujeres se respetan mutuamente. La calidez es la norma de las relaciones interpersonales.

En un mundo tal, la mayoría opta por la generosidad, la compasión, la solidaridad, la justicia y la libertad y deja de lado el utilitarismo, la indiferencia, la ridiculización del otro, el ensimismamiento y el desprecio de quienes no comparten su estilo de vida o forma de pensar.

Diana Martínez Pérez, Victoria y Arturo García Jiménez, los protagonistas de tres historias del capítulo *Con enfoque de mujer*, se abrieron a los demás, cada uno a su manera, y entraron en contacto con los motivos de sus alegrías y de sus tristezas, de sus temores y sueños y con los olores, los sabores y las texturas de su realidad. Todos ellos abrieron espacios de dignidad para muchos mexicanos y mexicanas promoviendo su desarrollo humano y generando bienestar.

Las nuevas alianzas tienen sentido

Es tiempo de alianzas.
Las organizaciones civiles y las instituciones gubernamentales forman nuevas alianzas cada día. Las mujeres y los hombres también lo hacemos.

Las alianzas entre las organizaciones civiles y las instituciones gubernamentales buscan generar bienestar y desarrollo para todos los mexicanos.

Las alianzas entre las mujeres y los hombres buscan una manera de caminar la vida más plena para ambos.

Estas nuevas alianzas están redefiniendo los espacios público y privado:

Las organizaciones civiles están ganando influencia en los espacios públicos. Las instituciones gubernamentales se están flexibilizando y adquiriendo dinamismo al contacto con las organizaciones civiles.

Las mujeres ampliamos nuestros horizontes al acceder a la vida pública.

Los hombres ganan en intimidad humana al adentrarse en la vida privada. Las nuevas alianzas tienen sentido.

Espacios de libertad

¿Qué hace falta para erradicar la pobreza?

¿Qué, para promover la equidad de género?

¿Cómo ampliar nuestros espacios personales de libertad?

¿Cómo potenciar el desarrollo de los mexicanos?

¿Cómo eliminar el maltrato a las mujeres?

Al ir reviviendo mis experiencias, afloraron algunos lineamientos que parecen apuntar hacia las respuestas de estas preguntas:

1. Estrategias de desarrollo a partir de los principios de la dignidad, la corresponsabilidad, el bienestar y la libertad enfocadas con ojos de mujer.
2. Trato preferencial a los grupos más vulnerables del país.
3. Organización ciudadana en redes de acción social para potenciar el desarrollo.
4. Multiplicación de alianzas gobierno-sociedad civil.
5. Promoción de la equidad de género con prácticas relativamente sencillas: exigir a los hijos hombres que compartan las tareas domésticas con sus hermanas o jubilar la costumbre de servirles a ellos la comida en primer término, por ejemplo.
6. Cruzada nacional por el desarrollo, el bienestar y la erradicación de la pobreza a partir de las familias.
7. Fortalecimiento de la cultura para potenciar a los mexicanos y mexicanas como sujetos sociales.
8. Caminar como la realidad impone y no como el corazón quisiera.
9. Pensar global y actuar local.
10. Sensibilización ciudadana acerca de los problemas más apremiantes de México.

¿Por qué? La vida moderna propicia el ensimismamiento. Los hombres y las mujeres de hoy vivimos encerrados en nosotros mismos y apenas nos movemos, literalmente, más allá de los terrenos de nuestro grupo social o estilo de vida. La mayoría, poco o nada sabe de quienes no forman parte de su grupo o de carencias que no son las suyas.

Los mexicanos y las mexicanas somos muy creativos, lo mismo reflejamos en una película aspectos dramáticos de la sociedad, que armamos un espectáculo chusco, extraordinario, con pocos recursos económicos. ¿Por qué no utilizar este talento en diseñar campañas permanentes de comunicación masiva que transmitan, en toda su crudeza, las condiciones precarias de vida en que todavía viven muchos compatriotas?

He escrito estos apuntes en La Cabaña, la casa pequeñita situada dentro de Los Pinos, donde vivimos el Presidente y yo. El Presidente quiso que la Casa Miguel Alemán, antigua residencia de los presidentes, se acondicionara como oficinas para aprovechar ese espacio y dejar de pagar renta a algunos edificios aledaños que antes se alquilaban.

La Cabaña es sencilla, es muy cómoda. Me sitúa en la realidad y me ayuda a no perder piso, a recordar que ésta es una etapa de nuestra vida: el Presidente, como servidor público, como jefe del Ejecutivo mexicano, y yo, como su esposa, su compañera, sirviendo a la sociedad como miembro de la sociedad. Vendrán luego otras etapas.

En La Cabaña puedo vivir la familia con calor de hogar. Es muy diferente que el Presidente llegue a una enorme casa inhóspita, tras un día de cumplir con su enorme responsabilidad, a que llegue a un hogar de verdad.

Atiendo los asuntos de casa, como siempre los he atendido. Estoy al pendiente del orden, la limpieza y la comida. Cuando tenemos invitados, reviso los menús y el arreglo de las mesas. Cuido que siempre haya flores, algo sobrio y sencillo, pero muy digno, porque esta es hoy la casa del Presidente de México y, también, de la familia Fox.

Todos los días escojo qué vamos a comer. Trato de planear un menú variado, equilibrado y que le dé gusto al Presidente, sobre todo. Tanto a él como a mí nos fascinan la comida mexicana y las pastas. Lo más importante es que cuando él cruce la puerta, diga: "llegué a mi casa, estoy en mi hogar".

En La Cabaña he tenido el apoyo de personas muy corteses y dedicadas, a quienes les agradezco su trabajo y sencillez. Si algo añoro, es quizá la privacidad; si bien reconozco la importancia de velar por la seguridad del Presidente y de su familia, como lo hace con profesionalismo el Estado Mayor Presidencial. Aun así, a veces extraño caminar y moverme libremente y estar más con la familia; aunque procuro darme tiempo para los hijos y los nietos.

Desde La Cabaña salgo diariamente a realizar mi trabajo. A La Cabaña vuelvo tras haberlo concluido. En La Cabaña he aprendido de todo: del servicio, del poder, de la injusticia, de la bondad, de la traición y de la lealtad. Ha sido una gran escuela, una gran escuela de vida.

129

Lo que he escrito aquí no es más que un esbozo, un primer apunte de lo que he vivido. Nada brotó ayer. Está enraizado en las enseñanzas y los recuerdos gratos y dolorosos de mis años de infancia, en mis aventuras juveniles, en mis anhelos y desencantos, en el trabajo social que he realizado siempre y, sobre todo, en las experiencias de los estimulantes años vividos como esposa del Primer Mandatario del país. Como esposa del Presidente Fox:

He podido apoyar, en forma activa, su proyecto de nación.

Me he acercado a la gente.

Les he abierto puertas a algunos hombres y mujeres pertenecientes a los grupos más vulnerables del país y he podido hacer un poquito más por ellos que en circunstancias normales.

He recibido las invaluables lecciones de vida que te ofrece estar en el espacio de poder y servicio más importante del país.

He aprendido que una tradición histórica incide sobre mi rol y la he considerado. Pero la esposa del Presidente de México, como cualquier otro ciudadano, debe realizar su trabajo en libertad y en el respeto absoluto a su dignidad y a sus derechos humanos.

Soy demócrata por convicción. Considero que serán los mexicanos y las mexicanas quienes, acorde a la ley, con sabiduría y de manera progresista, irán marcando el nuevo rumbo y configurarán el nuevo rostro del rol de esposa del Presidente de México.

En mi vida he tenido grandes momentos. Algunos han tenido que ver con la vida familiar, otros con logros profesionales. En esta última etapa, los momentos estelares han estado vinculados con la satisfacción del deber cumplido.

Nada se compara con la sonrisa de un niño que ha vencido a la enfermedad después de recibir el tratamiento adecuado.

Es indescriptible la emoción que se siente al ver que una mujer recupera la autoestima y la capacidad productiva; cuando se da cuenta que puede montar una microempresa tras haber padecido la violencia en carne propia.

Y, ¿qué decir de cuando se inaugura una escuela equipada con los últimos avances tecnológicos en comunidades lejanas y marginadas? Todos estos logros nos acercan, un poquito más, el futuro que soñamos.

La vida está hecha de vivencias y de acciones cotidianas muy concretas. Para vivir con plenitud hay que soñar y tener una actitud creativa ante la existencia: hace falta valor, hace falta pasión, hace falta esperanza y trabajo arduo y comprometido para realizar nuestro destino.

La vida se convierte en una gran fiesta cuando asumimos nuestro compromiso social, cuando defendemos nuestros principios y valores, cuando llevamos adelante nuestros proyectos a pesar de los obstáculos, cuando actuamos libre y responsablemente, cuando defendemos nuestros derechos y los de los demás.

130

Algunos hombres y mujeres ven las cosas cómo son y se preguntan: ¿por qué?
Yo sueño las cosas como nunca han sido y digo: ¿por qué no?

El tiempo se ocupa de poner las cosas en su sitio.
La verdad debemos contarla.
Expulsemos la mentira.

Índice